いまどきの死体——

法医学者が見た幸せな死に方

遺體訴說的各種人生

法醫解剖檯上的死亡課題

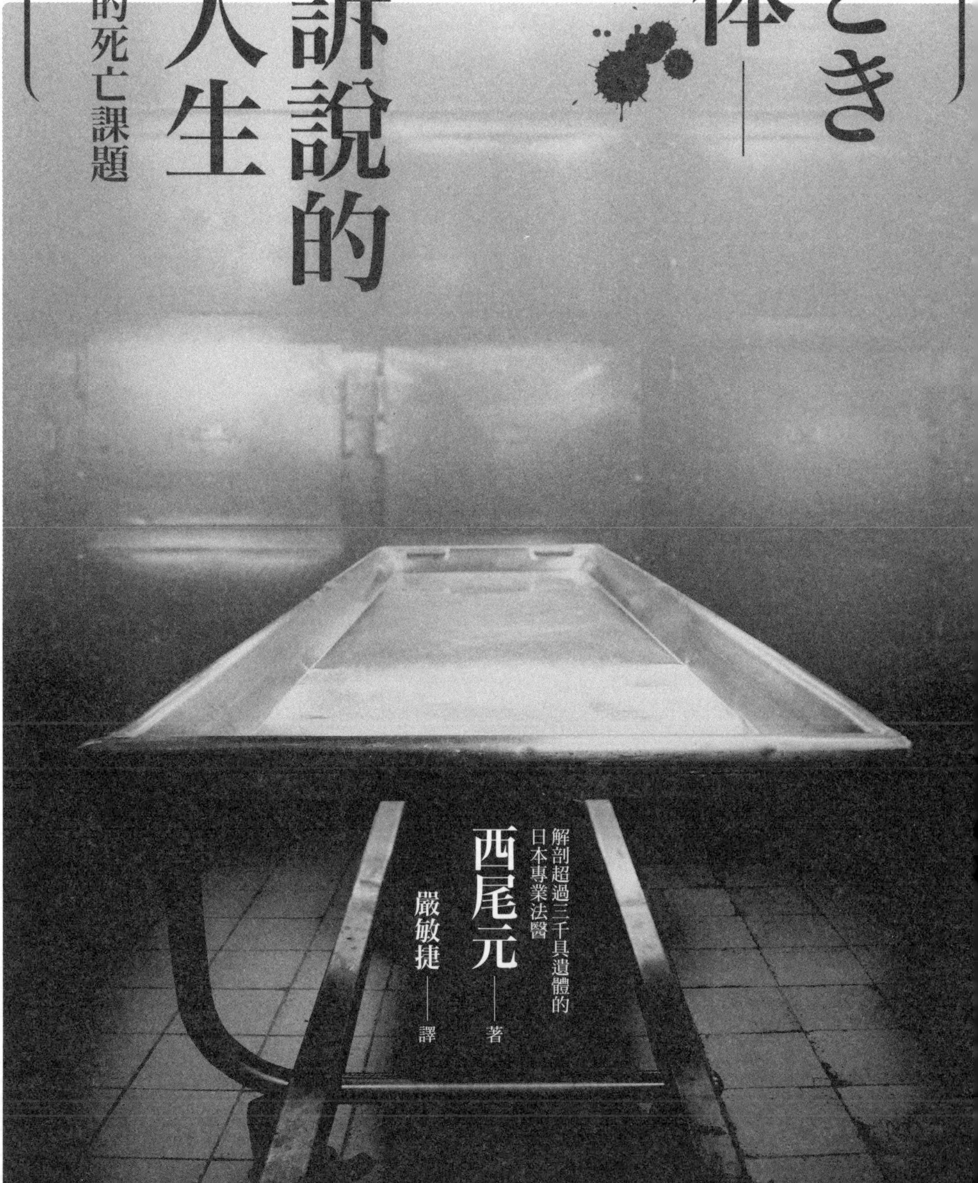

解剖超過三千具遺體的日本專業法醫
西尾元——著
嚴敏捷——譯

專文推薦

把經驗傳承下去，讓法醫工作得以延續

孫家棟

法醫雖然是一門醫學院學生不願意踏足的領域，但是它與社會的脈動息息相關，如衛生機構的死亡統計等等。作者西尾元醫師讀了兩年大學後重考醫學院，由兵庫醫科大學畢業後不經意涉足法醫領域，職涯中做了三千多件的法醫解剖，領悟相當多人生哲理，而寫就本書《遺體訴說的各種人生》。

透過書中六個章節，西尾元醫師道出所悟得的哲理，並以淺顯的語句讓讀者能理解法醫的知識。第一章舉出在各國解剖率不高的情形下，如何取決是否要進入強制性的司法解剖，並舉例一位死者經解剖後發現患有遺傳相關的多囊性腎臟病，從而可建議其家屬要持續追蹤，這也是法醫在預防醫學上的貢獻。更進一步的是，正確的死亡統計在公共衛生上扮演的角色。

接著第二章談到「意想不到的死亡」及猝死的發生，這是很多家屬無法理解及現代保險給付爭議頗多的課題，如書中提到在自宅中死亡、解剖後鑑定出死因與先前車禍相關，死亡種類由原來的自然死變成意外死的戲劇性例子。由本章探討的猝死案例，可以顯見司法解剖扮演著判定死亡種類的重要角色。內容亦穿插了醫學知識的專題探討，例如在此介紹如何預防經濟艙症候群造成的肺主動脈之血栓栓子。

第三章「經由驗屍發現的事故真相」，其中一個重點是目前討論很多的精神科問題，作者提到一例是當事人相信妻子得了失智症，因照護得很累而殺死妻子再自殺，後來經由解剖才知道妻子的失智表現源於肺癌腦部轉移。這個案例告訴我們：原本可治療的疾病在現實社會中因大家越來越冷漠，導致無處可談或求援而造成的悲劇。另一個案例則是上吊死亡且胸口有三道刺創的例子，由傷口發現是兒子上吊被父親發現而用銳器加以刺殺，故死因由原來自殺變成他殺。由此強調法醫調查具有相當重要的角色，如同本章另一例，造訪法醫學教室的殺人凶手，為了詐領保險金而製造假車禍，這種案例在世界各地都有，也是法醫鑑定的困難及複雜之處，在交通事故鑑定上尤其關鍵的是現場證據，可以與死者傷口互相印證。本章專題討論的失血多少會造成死亡，亦是法庭上攻防的課題，這也是作者用心寫作的地方，利用親身經驗點出問題。當然司法解剖無法解決所有問題，誠如本章提到屍體已呈木乃伊化，後來是仰賴警方搜查而定罪的例子，所以法醫鑑定是團隊合作而非個人主義。

進入到第四章「死亡解剖檯呈現的現代課題」，作者更提出法醫學上的重要課題：「屍斑」和「出血」的辨認。作者以「孤獨死」為例，老人家被發現死亡但屍斑位置卻在下肢，最後確認是與家屬同住卻孤獨上吊死亡的個案，這也是年齡差距越來越大的現實社會中與日俱增的問題，更是台灣未來推行長期照護政策中值得注意的現象。作者利用案例顯現社會議題，亦是值得推薦讀者細心品味之處。

第五章「遺體訴說的各種人生」，作者提出自身經驗，諸如：交通事故死者身上卻沒有撞擊傷痕，解剖發現是先由橋上跳下再被車子輾過去，而輾壓時仍未死亡所以體內還可以出血，但也因如此所以駕駛罪責較輕；這是實務上要釐清事故發生先後順序而必須解剖的例子。另外一例提出水中發現的屍體不見得就是溺斃，但由於屍體多半已有明顯的死後變化而影響判定。誠如發生在台灣的媽媽嘴命案一般，法醫對任何案例都得小心慎重面對。

最後進入到第六章「法醫的思考」，作者寫到當初因貪圖醫師工作而進入醫學院，接著在一知半解下踏進法醫學教室十三年，結果是愛上了自己的職業，這也是一種不後悔的人生——生命這樣的職業讓他更能體會人生，不僅是到此一遊，還必須為其塗上各種顏色，才能多姿多彩。書末作者透過為流浪漢清洗遺體的感觸，而領悟到其背後的人生實際上更值得我們去探討。

我記得老師提過寫作要慎重，錯誤會遺後。作者根據自身的經驗加上謹慎的態度及通俗的語言寫出本書，而翻譯在無醫學訓練下漂亮優異，讓在法醫工作三十二年的我非常推薦。這本書也值得台灣的法醫界好好思考，不再執著於誰是主導法醫，而應該考慮如何把自身的經驗傳承下去，讓法醫工作得以延續。

本文作者為台大醫學院病理學博士

專文推薦

法醫的工作是讓往生者說話

大師兄

某天我收到出版社的邀約，請我推薦這本書，收到書稿之後我也沒有多想，直到截稿前一天編輯密我，我才驚覺有這件事情！於是隔天上班的時候，我就抽空偷偷看了書，誰知道越看越來勁，因為跟我的工作真的太有關聯啦！

看書的這天我一共出門兩趟，一趟是去急診室接車禍往生的菩薩，一趟是去一個公園涼亭接一位邋鞦韆的菩薩，就在等待警察的過程中，以及要去接運的路途上，我拿起這本書一直在啃，旁邊開車的同事好奇問我：「你在看什麼呀？」我回答說：「大概是在說日本的孫老大跟陳老大的故事。」

孫老大跟陳老大是我們這邊的法醫大哥，幾乎天天都有合作，熟悉得很。

我同事聽了，眉頭一皺，問我說：「白痴唷，這些故事你還要看書，有什麼好稀奇的？」

我白了他一眼，跟他說：「稀奇得很，你有沒有想過，為什麼老大們驗屍的時候，都要叫我們翻身看屍斑？你有沒有想過，為什麼老大他們都會叫我們脫掉遺體的衣服看外傷？你有沒有想過，老大他們解剖的時候為什麼從哪裡下刀、哪裡結束？為什麼老大要叫我們算算那些被刀殺死的往生者被砍了幾刀、看看刀砍的方向是橫畫下去的，還是捅下去的？怎樣算是故意，怎樣算是意外，其實我們都不知道，只是呆呆地做，但是這本書幾乎可以解答我不敢問老大們的一些疑惑，而且還有很多我們都會遇到的小故事，很好玩呢！」

同事想了一下，突然回我一句：「不然等等你去現場的時候，看你看得出什麼好了。」

想當然，沒有經過學術理論訓練的我還真看不出什麼所以然，這也讓我更加敬佩那些老大了。

記得我還是菜鳥的時候，有一次相驗解剖時，遇到了一位負責動刀的法醫。那天下著大雨，他提早開車過來，我剛好也沒事就找他閒聊。我問他：「關於遺體，你最怕的地方是什麼？」

開過無數刀的他告訴我：「其實怎麼開就是這樣，怎麼看也是這樣，幾年解剖下來的經驗，沒有遇過特別害怕的，只有特別麻煩的。」

我問他：「那屍臭味如何習慣？」

他笑笑不說話，原定十點解剖，他九點多就叫我把遺體移到解剖檯上，還跟我在一旁聊天話家常。直到十點家屬、檢察官都到了，才開始解剖。

從此我知道如何克服屍臭味了。很簡單，「習慣就好」。

但對於這些動刀的法醫，我打從心裡佩服了起來。法醫解剖一具屍體時，常常我們在外面大概都要等待四十分鐘到一小時，而有些屍體腐爛發臭的程度，我們連將祂抬到解剖檯都難以忍受，甚至在外面聞就頭昏腦脹，而法醫卻可以在裡面聚精會神，努力在那些不會說話的遺體中找出死因，真的是一件不可思議的事。

而書上說的恰是我平常親眼看到的，常常看到一些案例會讓人忍不住點點頭，或者看到某些案例的時候會恍然大悟，「啊，原來是這樣子呀！」對於我們來說，這本書就像是老大們親口對我們說故事，而書上厲害的地方，就是後面還會有專題分析這些專業知識，老實說連我們那麼靠近遺體的人都不一定會知道了。

而書中的第六章「法醫的思考」，是我最喜歡的一章。我常常在寫案例的時候會放入自己的想法，也會問過家屬的想法，卻很少聽到法醫的想法，總是覺得他們在解剖遺體的時候雖然是要專業、要屏除情感，但還是會有自己的感受吧。

有幸在最後可以透過這本書理解這位來自日本的老大說說他在一些案子的想法，拿來跟自己的一些想法做個對比，其實還滿有趣的。

「對接體員來說，最怕遇到往生者說話；對法醫來說，他們的工作就是讓往生者說話。」推薦這本書給大家，希望大家會喜歡。

本文作者為殯儀館接體員、暢銷書作家

前言

我在兵庫醫科大學（兵庫縣西宮市）從事法醫的教育和研究。除此之外，也接受警察機關委託，一年從事兩百至三百具遺體的法醫驗屍解剖。所謂法醫驗屍解剖，針對的對象是因為犯罪事件或意外而身亡的人，或者因不明原因而死亡的獨居者等這類無法判斷是否為病死的「異常死亡」案例。

由兵庫醫科大學所執行的法醫解剖，案件區域包含位於兵庫縣內大阪與神戶之間（阪神區）的六市一町（西宮市、蘆屋市、尼崎市、寶塚市、伊丹市、川西市、豬名川町）。而近來的驗屍數量增加許多，幾乎每天都有解剖的工作。

法醫驗屍有兩個目的。一是犯罪搜查；我們要替因捲入犯罪事件而亡故的人做遺體解剖，記錄檢驗結果提供給警方做為調查的基礎資料，以及後續審判參酌之用。第二則是了解死亡原因，尤其最近所進行的解剖個案多半都不是因為犯罪情事而死亡，而是屬於死因不明——這種現象很大的成因是獨自生活的老人家越來越多了。

驗屍的目的不僅僅是為了確認死因，更希望可以藉此讓死者家屬了解及預防可能的疾病。若解剖後發現死者是因為具傳染性或遺傳性的疾病而亡故，與死者親近的人士對於相關疾病可以保持警覺。所以說法醫驗屍不全然是為了死者，更多時候是為了活著的人。

這幾年來法醫解剖的案件數量與日俱增。我所隸屬的兵庫醫科大學在平成二十七年（二〇一六）共執行了三百二十一具遺體的驗屍工作。這所大學是在昭和四十九年（一九七四）開始營運，當年度進行的驗屍解剖不過就三十例。經過約五十年，驗屍數量多了十倍。參考警察廳的統計資料，現在每四十名死者中就有一名要進行驗屍解剖，這已經是我們這個時代的社會特徵。

至今為止我總共解剖了三千具左右的遺體。由於高齡化、獨居者變多、終生未婚的人數增加等等現狀，可以想見以後需要驗屍解剖的案例只會多不會少。

一般人大多是在親友過世時才有機會見到遺體。我們雖然明白「人終有一死」的道理，但在這樣的時代裡很難實際接觸和感受到這件事情。

屍體不會說話。然而，每當我面對靜靜躺在解剖檯上的遺體時，有時心中不免會湧上一些感受。所以我決定寫下這本書，但願你們能夠體會我在解剖遺體時領悟到的一切。

人終有一死，可是我們感受不到自己的死亡。如果我們能夠知道死亡是什麼，或許就更能夠明白什麼是活著。因此我希望讓各位讀者們看到這些被驗屍的死者是呈現出什麼樣貌以及有過什麼遭遇。如果你們看了書以後可以重新檢視自己的人生，那便是我最大的榮幸。

西尾元

目錄

第一章
法醫學能做的事情

了解這些人的死因之後，我經常會有無力之感。我相信死者家屬的悲傷很深沉……看著那些父母滿是喪子之慟的神情，我不禁心想原來「後悔莫及」是這樣讓人心碎。

第二章 意想不到的死亡

驗屍解剖的功能不僅只於確認死因，為什麼會形成致命的傷口、以什麼方式造成的，這些資訊在審判上都會成為重要的證據。

第三章 經由驗屍發現的事故真相

警方會把所有物證都保存起來，就算嫌犯已死，追進墳墓裡也可以找出凶手。即使犯罪者生前逃過制裁，死後還是會遭到追查。

第四章 死亡解剖檯呈現的現代課題

死亡危機往往就潛伏在我們生活周遭。法醫的任務是解剖遺體，確認死因。然而找出死因之後，要判斷死因是怎麼造成的就更不容易了。

第六章 法醫的思考

透過身邊親近者的死亡，我們會確實感受到自己終有一死。但我們無法實際感受到自己的死亡。我們唯一能做的事情，就是好好活到死亡來臨的最後一刻。

［第一章］

法醫學能做的事情

法醫學的研究對象雖然是屍體，但功用不僅是診斷死亡原因，還可以帶給生者更多有益的資訊。

如何決定是否該驗屍解剖

法醫學的對象是死者，跟面對生者的臨床醫學截然不同。

目前日本各大學中有八十所設有醫學系，而幾乎所有醫學系都開設了法醫學的課程。

法醫學所要處理的，是一般被稱為「異常死亡」的屍體。如果一個人過世時很明確知道是病死的，就不需要解剖遺體；近來有不少人選擇在自己家中做臨終照護，亦屬此類。即使是獨居者在自宅中往生，若前來診斷的醫師確認是因病亡故，就不用進行驗屍。

若一個人是死於交通事故、火災、自殺等狀況，則需要進行驗屍解剖。因外在因素而喪生或是無法確認是否為病故時，統稱為「異常死亡」，這時候警方就會判斷是否有進行驗屍的必要。

目前日本所有的死亡案例中，約百分之十五屬異常死亡，亦即每六、七名亡者中即有一例。當發現有異常死亡的屍體時，警方首先會至現場進行鑑識，調查死亡發生之前的環境狀況、檢查遺體外觀、確認死者是否患有什麼疾病，以及死者與家屬的關係等等事項。

如果警方判斷有驗屍之必要，會向法院提出申請，法院同意後就會進入驗屍程序。但並非所有異常死亡的遺體都需要驗屍。

警方最擔心的是遺漏了犯罪的可能性，因此若遇到無法完全排除犯罪造成死亡的可能性，一定會申請驗屍。遺體也是犯罪搜查的重要證據之一。

驗屍解剖的四種類型

依照不同狀況，將法醫驗屍解剖分為以下四種類型：

一、司法相驗：在因犯罪事件或疑似因犯罪事件而造成的死亡中，以犯罪偵查為目的所進行的驗屍。相驗之根據為刑事訴訟法，具有強制力，不需經過死者家屬的同意。若屬「加害者不詳的殺人事件」，遺體亦是犯罪調查的對象。

二、調查相驗：確認身分不明的遺體，或是起初以為與犯罪無關，但為避免遺漏犯罪可能性而進行的驗屍。基本上是為了調查死因及確認死者身分，一般來說也不需要經過死者家屬同意。

三、委託相驗：與犯罪無關，發生地點在沒有監察醫制度★的區域，為了確認死因，在死者家屬的委託下執行的驗屍。全日本的大學法醫學教室都可接受委託，法理依據是《死體解剖保存法》。

四、監察醫相驗：在施行監察醫制度的區域（東京都二十三區、大阪市、神戶市等少數區域）發生與犯罪無關的死亡案例，為了確認死因而進行的驗屍。由監察組織執行，而非交給大學的法醫學教室。法理依據是《死體解剖保存法》，基本上不需經死者家屬同意。

我們常看到電視劇裡出現監察醫的角色，他們主要是在監察組織裡進行驗屍解剖工作。

若警方認為死亡事件有犯罪嫌疑，就會進行司法相驗。若認為沒有犯罪嫌疑，但死者身分不明或死因不明，則會採取調查相驗或是委託相驗，或是監察醫相驗。

東京都二十三區、大阪市、神戶市都施行監察醫制度，在這些地區發生與犯罪無關的異常死亡案件，都會交由監察醫進行驗屍。監察醫檢驗過遺體後，即開具「死亡診斷書」。

★編按：在日本，若屬他殺嫌疑之死亡案件會進行司法解剖，由大學的法醫學教室負責；若非他殺則可由專門的醫師負責，這些醫生被稱為「監察醫」。

了解死因對生者也有幫助

司法相驗的對象是可能涉及犯罪事件的死者遺體。本書所提及的案例，有些送來驗屍時說是病死的，經解剖後發現其實是遭到虐待致死；有些則被懷疑是遭到虐待致死，但經驗屍後證明其實是病死的。

關西地區曾經發生一起連續殺人事件：一名女性刻意接近高齡男性，並在與對方結婚後用氰化物加以謀害。這名女性的身邊有多達十位男性都是異常死亡，但其中只有四位被確認為謀殺致死。十例中有兩例發生在我工作的區域，當事人被送入醫院後判定為病死，因此沒有進一步驗屍。如果當時有進行相驗的話，說不定就可以確認死因了。儘管有時候即使驗屍也無法確認死因，不過驗屍時會保存血液樣本，之後還有機會再行調查，否則一旦遺體火化就束手無策了。

法醫學也要處理與犯罪無關的遺體解剖。經由驗屍可以了解死因，幫助我們理解當前社會的死亡狀況。我們會將透過驗屍取得的訊息提供給行政機關，作為疾病防治對策的參考資料。若死因是感染性疾病，還可及早通知家屬請他們做好防護措施。

近來法醫學亦可協助診斷出遺傳相關的疾病。

我曾經相驗過一位在自家床上過世的女性遺體，死因是蜘蛛膜網下出血，同時發現死者患有「囊胞腎」的遺傳性疾病。雖然向家屬說明驗屍結果往往不是一件簡單的事情，但此時我們還進一步建議家屬至醫院檢查，做預防性治療。這種遺傳性疾病難以根治，卻可以透過預防避免再有猝死發生。

另一個案例是一名三十多歲的男性在家中身亡後被送來解剖相驗。驗屍後仍然找不到確切死因，直到檢查血液才發現是咖啡因中毒。原來該名男子為了提神於是私下從國外帶回咖啡因錠劑，服用劑量超標導致咖啡因中毒而亡。

我認為像這樣的資訊應該要公開讓一般人皆可得知。法醫學的檢驗對象雖然是屍體，但功用不僅是診斷死亡原因，還可以帶給生者更多有益的資訊。

法醫能為死者家屬做的事

到目前為止我總計相驗過約三千具遺體。了解這些人的死因之後，我經常會有無力之感。我相信死者家屬的悲傷很深沉，特別是遭遇孩子死去的父母，面對他們我往往不知道該怎麼啟齒說明死亡這件事。我看著他們滿是喪子之慟的神情，就不禁心想原來「後悔莫及」是這樣讓人心碎。

曾經有家屬問我：「他死得痛不痛苦？」

老實說，死者過世時到底痛不痛苦我也不知道。

法醫學上有三個「猝死的判斷」。若在驗屍時發現下述三種症狀之一，就可以研判死因為猝死。

第一個症狀是「點狀瘀血」，也就是在結膜等處出現的點狀出血。第二個症狀是「內臟瘀血」。第三個症狀則是「流動性血液」。所謂內臟瘀血是指在肺臟或肝臟等處發現血液瘀結的現象；而流動性血液則是指人死後血液仍未凝結，保持流動的狀態。

如果發現遺體有上述的猝死症狀，我就會對家屬說：「是在極短的時間內走的，我想應該不會太痛苦吧。」

這麼說或多或少可以減少家屬的痛楚吧。雖然法醫學能為活著的人做的事情不多，但我總希望能盡力緩和家屬心中的悲傷。

死者家屬的悲傷

對死者家屬來說，驗屍到底要做什麼呢？為什麼要驗屍？

如同前述，與犯罪事件有關的驗屍被稱為「司法相驗」，驗屍結果是犯罪偵查與法庭審判的證據資料。為了不影響司法調查，所以解剖資訊是不可以提供給檢警以外的人士。法醫會向警方報告驗屍結果，再由警方告知家屬；一般而言，法醫其實不會直接跟死者家屬接觸。

對家屬來說，失去丈夫、妻子、子女、父母是非常痛苦的事情。看著自己的親人因為犯罪事件而喪失生命已經夠難受了，即使明白解剖是為了幫助犯罪調查，但眼見親人遺體被開膛剖腹還是很大的打擊。

我曾經相驗過一具遺體，是一個因捲入犯罪事件而身亡的孩子；驗屍當下我還可以清楚聽到家屬在解剖室外面哀求警方，拜託盡快把孩子的遺體還給他們，讓他們陪著孩子。他們根本難以接受早上才活力十足地出門的孩子，竟然就這樣變成一具冰冷的屍體。

我在解剖那個孩子的遺體時，還可以摸到肚裡殘存的溫度。而為了蒐集犯罪的證據，法醫必須將從遺體上找到的資訊一一記錄下來。我也明白如果太過移情或憐憫，讓感性大於理性的話，會讓驗屍工作變得更加難受。但在我默默進行解剖時不免想著：「是否應該要讓孩子的雙親也感受一下他身上殘留的溫度。比起驗屍，這麼做應該更有意義吧。」

然而，依照規定是不能讓家屬進入解剖室的，我只能懷著同情繼續完成解剖任務。

法醫必須在家屬的悲傷難過之下，以嚴肅冷靜的心態進行驗屍。雖然我們總是無聲地從事解剖工作，但很多時候內心並未如表面那般平靜。

【第二章】

意想不到的死亡

因為三百毫升的失血而亡，問題不在出血量，而是瘀血的位置……

睡眠中也會出現經濟艙症候群

我們的肺分成左右兩半，右肺較大且較重。右肺又分為上葉、中葉、下葉三片，左肺則只有上葉、下葉兩片。

肺臟就像是一個供氧的基地，把氧氣分送至身體各處。我們從鼻子或嘴巴吸入空氣之後，肺部會充滿了氣體，不過空氣並非以原本的樣貌在體內運輸。進入肺臟的空氣會先融入肺的血液中；更精準來說，應該是氧氣和紅血球中被稱為血紅素的蛋白質成分結合在一起，然後紅血球會隨著血液在血管中流動遍布全身。

肺臟不僅充滿了空氣，也充滿了血液。一般來說，肺部是呈現深紅色；法醫學上將這種顏色識別為「紫紅色」。

——

躺在解剖檯上這具女性遺體的肺臟布滿了紫紅色與白色的斑點，我第一眼看到就覺得不太對勁。

這名女性投宿於一家旅館，隔天卻被發現死在房間床上。她是為了參加一場演唱會而特地從東京前往大阪，一個人下榻住宿地點。第二天都過了退房時間她還沒有現身櫃檯，工作人員前去房間查看時，她已經沒了氣息。

遺體看來並沒有明顯外傷，眼瞼內側的結膜則出現許多小小的點狀出血。如同前面第一章說明的，「點狀瘀血」是猝死的特徵之一。猝死的三個判斷依據分別是：**點狀瘀血**、流動性血液（血液沒有凝固）、內臟瘀血。

內臟瘀血是指臟器出現血液瘀結的現象，而通常在猝死者的肺臟或肝臟會發現這種症狀。

這名女性的遺體上有點狀瘀血，表示她應該是猝死。照理說她的內臟應該也會有瘀血的狀況，結果卻是肺臟出現斑斑白點，顯然很不尋常。

後來經確認其**死因是「肺動脈血栓栓塞症」**，也就是所謂的「經濟艙症候群」——因此疾症過世者的肺部通常會呈現白色。這到底是怎麼一回事呢？其實造成「肺動脈血栓栓塞症」的原因是有血栓★塞住了從心臟連接到肺臟的肺動脈血管。我們在這名女性死者的肺動脈中看到血液凝結成黏稠狀。若是血管被血栓阻塞了，血液就無法流通。而肺動脈被塞住後，心臟並不會馬上停止跳動，還是會如常運作一段時間。

正常來說，心臟收縮時血液會通過肺動脈運往肺臟，心臟擴張時肺臟的血液會通過肺靜脈流回心臟（左心房）。肺動脈被血栓堵住了，後頭的血液無法再輸送過去，但是之前已送至肺臟的血液因為心臟繼續跳動，所以又回到了心臟。如此一來會發生什麼事呢？由於血液阻塞無法再流入肺臟，肺臟就會慢慢泛白。這就是為什麼當我們替死於經濟艙症候群的人進行驗屍時，會看到肺臟出現一塊塊的白點。

當我們發現肺動脈內有血栓時，接著一定會再確認腳部的靜脈是否也有血栓。我們讓遺體呈俯臥的姿勢，切開腳背尋找埋藏在肌肉間的血栓，果然在左小腿的靜脈內發現了血栓。

根據遺體的僵硬程度與體溫下降的狀況來研判，這名女性的死亡時間是在屍體被發現的當日清晨。大概是在睡覺時產生了血栓吧，然後一早她起身時，腳部的肌肉收縮，血栓就從靜脈流出去，一路流到心臟處，塞住了肺動脈。

事後得知這名女性因為不喜歡半夜起來上廁所，所以在睡前都盡量不喝水。事實上我們在睡眠中也會出汗，腎臟也是不間斷地過濾血液中的廢物，並藉由尿液排出體外。若沒有好好補充水分，就很有可能會引發經濟艙症候群。一旦人體脫水，血液會變得黏稠，很容易形成血栓並造成腦中風與心肌梗塞。要避免出現經濟艙症候群，最好不要嫌半夜起來上廁所很麻煩，還是應該要適度補充水分。

★編按：由於血液中的血小板變多或血脂肪過高，增加了血液的凝固性，而在血管或心臟內形成固態凝著的物質。

專題探討：如何預防經濟艙症候群

動脈和靜脈因血栓阻塞而引發的「肺血栓塞栓症」，也稱為「經濟艙症候群」。其由來是因為有時候搭乘飛機時長時間坐著不動，會導致腿部的血液循環不佳而出現血栓。飛行途中當事人可能並未感覺到任何異狀，直到飛機落地後，一站起身，腿部的血栓就會從靜脈衝出。血栓從靜脈流至心臟，再流向肺動脈並造成阻塞。有時栓塞會導致猝死。

近來搭乘飛機時，我們會在前方座位椅背的袋子裡看到一份「預防血栓的注意事項」。上頭清楚寫著，為了防止血栓形成，可以做些適當的運動。

二〇〇四年發生新潟縣中越地震時，經濟艙症候群一度成為新聞話題。主要是陸續發現有些為了避難而在車上生活的人，因為經濟艙症候群而過世。他們長期縮著身子待在狹窄的車內空間，導致腳部和腿部的血流狀況惡化。這種生活方式很容易引起血栓。

即使是在日常生活間，也有可能會發生經濟艙症候群。

人一旦上了年紀，經常會半夜想要上廁所。但需要照護協助的老人家想到如果要起身上廁所，就得請照護者來幫忙，基於不好意思麻煩他人，往往選擇在睡前少喝點水。

但若沒有適當攝取水分，就會造成脫水，因此很容易形成血栓。而入睡後最容易出現脫水狀況。所以為了預防心肌梗塞和中風，請在睡前喝杯水吧。半夜起來上廁所後，再補充一杯水會更好。

就算是年輕人，工作時若長時間維持同一姿勢坐在辦公桌前，也可能會發生經濟艙症候群。若能有意識地休息一下，動動身子，就是最好的預防方式。

撞擊方向盤造成內臟穿孔

一名男性倒臥在家中地板上過世，屍體是經由一位來訪友人發現的。屋內並沒有被搗亂的跡象，因此警方初步研判應該不是犯罪事件，不過由於死因不明，所以將遺體送來驗屍。

死者約莫四十多歲，單身。身上沒有任何傷痕。

根據警方提供的資訊，這名男子之前做健康檢查時，發現有高血壓的症狀，因此有服用降血壓的藥物。從死者年紀來看，我起先懷疑死因會不會是腦出血或心肌梗塞，但檢驗了心臟和腦部等器官後，沒有找到任何異常之處。

但我一剖開他的腹部，就知道死亡原因了。腸道的表面呈現一片赤紅，一眼就可判斷是腹膜炎。若腹膜炎嚴重擴散到整個腹腔，就會導致死亡。所謂腹膜炎就是指腸子和腹膜遭到細菌感染。

死者的腹腔內也積了約一公升的混濁黃色液體。從液體的顏色研判，是腸內的東西滲漏出來瀰漫腹腔，所以可以肯定腸子一定有破損之處。由於腸道內充滿了細菌，若裡頭的東西外漏就會引發腹膜炎。

我循著腸道開始尋找哪裡有破孔，結果在最前端的地方發現一個約米粒大小的穿孔。腸內的液體就是從這個小孔一點一滴滲漏到整個腹腔。

男性的**死因是「小腸穿孔導致的腹膜炎」**。

而小腸之所以會出現穿孔是有原因的。我發現死者的胸部下方有一塊皮下組織出血，就是這塊出血導致小腸穿孔。

就人體構造來說，除了大腸的一部分，其他腸道並不是固定在某個地方，而是會扭來扭去改變位置。如果你用手壓住自己的腹部，被壓住部位的腸子就會往旁邊挪移，可是這樣的施壓並不會造成腸穿孔。

腸道有個地方特別容易出現穿孔，就是小腸的最前端。這段腸道不會在腹腔內移動，而且其背面就是脊椎骨，因此若有強大的外力往這個位置壓下去，腸道被夾在脊椎骨與前方壓力之間，很容易就會出現穿孔。而這名男性的腸穿孔正是出現在這個部位。

之後透過警方調查，得知這名男性在死亡前三天曾經出過一場車禍。他為了閃避路邊違規停放的車輛而撞上電線桿。

想必在車禍發生當下他的胸部和腹部曾遭受強烈的撞擊，而當時小腸就已經出現穿孔了，只是一開始並沒有症狀顯現出來。接下來幾天，小腸裡的東西就慢慢從這個穿孔漏出來。我估計腸內細菌從小腸穿孔滲出後，大概花了三天的時間逐漸感染整個腹腔。

由於駕駛座的前方就是方向盤，因此當車禍發生時，駕駛人會猛力撞上方向盤；在法醫學上將這種傷害稱為「方向盤損傷」。

若駕駛確實繫上安全帶，安全氣囊也正常作用的話，車禍發生時應該不至於會身體就這樣直接撞上方向盤。但也可能如這名男性的案例，是因為胸部和腹部撞擊方向盤而導致小腸穿孔，或者有時候不只是腸道，甚至連心臟或胰臟都有可能受到損傷。

男子在車禍發生三天後才去世，而這三天期間，他就像往常一樣作息生活。方向盤損傷在當事人及周遭人士都未察覺的狀況下，變得越來越嚴重。

所以我常會這麼告誡學生：「當有車禍受傷的患者被送至醫院時，即使當事人看起來沒什麼大礙，也要先確認是否有方向盤損傷的情況。」

僅三百毫升失血量造成的死亡

這名男性死者的胸部與腹部間有一道長約兩公分的刺傷。除此之外，身上並無其他外傷。

我檢視死者的背部，看到了明顯的屍斑。所謂「屍斑」指的是在心臟停止跳動後，從皮膚上可以觀察到的血液瘀積點。人活著的時候，血液在血管內流動；一旦心臟停止跳動之後，血液就無法再循環流動，這時血液會往重力的方向匯流。一個人死的時候若是仰躺著，血液會往背部匯流，背部皮膚上就可以看到血色斑點，亦即屍斑。出現屍斑代表死者體內還留存了不少血液。

根據警方的說明，這名男性的胸部被刺了一刀，應是致命傷。

我切開皮膚表層，檢查皮下傷口，發現刀子刺穿了左側的一根肋骨。切開心包膜（包裹著心臟的一層薄膜），只見心臟與心包膜之間狹窄的空間裡積了約三百毫升的血液。一般來說，這道隔間頂多容納約莫十毫升的黃色液體。我用布把心臟表面擦拭乾淨，發現心臟下方有個長約一公分的傷口，顯然從胸部穿刺進來的刀子直抵心臟部位，而心包膜內三百毫升的液體就是心臟受傷時流出來的血。

再剖開心臟，確認穿刺傷直達右心室。右心室是心臟的四個空間之一，位於心臟的前側。若右心室受傷，血液會流出心臟外面，可能就瘀積在心包膜內。

正常來說，僅僅三百毫升的失血量並不會致命。捐血時抽取的血液量是四百毫升，也從沒聽過有人因為捐血而死亡。

然而，這名男性卻因為三百毫升的失血量而亡，所以問題不在流了多少血，而是瘀血的位置。心包膜內的空間非常狹小，小到若是充塞了三百毫升的血液，就會從外側壓迫心臟，讓心臟無法擴張。心臟若無法擴張，就不能留存血液，儘管還可以收縮，卻無法把血送出去。這種狀態被稱為「心包膜填塞」。

本案**死因是「因刺傷造成的心包膜填塞」**。

經了解，這名男性在便利商店打工，他看到有個男子將店內商品放進購物籃內就直接走出店門口，於是他追了上去，卻遭對方往他胸部刺了一刀。

被刺傷之後，他還繼續追了嫌犯一陣子，然後在距離遭刺地點約二十公尺處倒地不起。

由於刀子尖端刺傷了心臟，隨著心臟跳動，血液會一點一滴從傷口流至心包膜。當心包膜內的血液累積超過三百毫升之後，他的心臟應該就無法再擴張了。因為心臟無法輸送血液至腦部，導致他先是失去了意識。

這個案件進入司法審判後，關鍵在於嫌犯是用了多大的力道把刀刺向死者胸部——刀子刺穿了肋骨，可以想見力道之大。由此可見，驗屍解剖的功能不僅只於確認死因，還有像是為什麼會形成致命的傷口、以什麼方式造成的，這些資訊在審判上都會成為重要的證據。

可呼吸狀態下的窒息死亡

這名男性的屍體被發現時，是埋在一處砂石堆中。但他並不是全身從頭到腳都被埋在砂石裡，而是頭臉外露，也就是說他生前還可以用口鼻呼吸。儘管如此，最終他還是死了。

死因是「窒息」。人類由口鼻吸入空氣，透過身體機制將氧氣供應至全身。空氣從口鼻進入肺部之後，其中的氧氣會跟血紅素融合在一起，再隨著血液運送至身體各處。若氧氣無法進入肺部，就會導致窒息死亡。

有很多原因會造成窒息，最容易理解的就是頸部壓迫造成的窒息。在日本，頸部壓迫窒息是最常見的謀殺方法：只要用力壓迫氣管（從口鼻通往肺臟的通道），空氣就無法進入肺部，人體就得不到氧氣供應。

然而，不是只有頸部壓迫才會造成窒息死亡。若是有東西塞住了氣管的任何地方，都有可能讓人無法呼吸。每年正月都會發生許多老人家因為吃了麻糬被噎住而窒息死亡的案例，由於食物堵住了喉嚨，空氣無法進入肺部。

可是這名死者的口鼻並沒有被遮住，也沒有什麼東西塞在氣管內，卻還是窒息死了。為什麼呢？

原因是砂石堆滿到胸口附近時，即使口鼻仍然可吸入空氣，但胸腔被困住了無法擴張，空氣還是進不去肺裡。實際上，我們並不是僅僅依靠口鼻在呼吸空氣，而是藉由胸腔擴張產生的負壓，讓空氣可以進入體內；口鼻只是將空氣導入體內的器官。

胸腔是由肋骨與橫隔膜構成的封閉空間，心臟和肺臟就位在這個空間裡。當你大口吸氣時，若將手擺放在胸部上方就會感受到胸腔正在擴張。肋骨之間有被稱為肋間肌的肌肉，胸腔與腹部之間也有被稱為橫膈膜的肌肉。肋間肌擴張，橫膈膜往下方腹部壓縮，就能讓空氣進入肺部。

當一個人的胸部被困住時，會有一股力量由外向內壓迫著胸腔。胸腔無法擴張，空氣就進不去，就是因為這樣才造成窒息死亡。

如果連大人都會因此有生命危險，更何況是小孩子呢？有時我們會在海邊看到小朋友用沙子把自己或同伴從脖子到腳都埋起來。或許人們覺得這樣很好玩，但其實是很危險的，必須要提醒孩子們多加注意。

〔第三章〕

經由驗屍發現的事故真相

刺殺兒子就是犯罪了……每當我遇到這類案件時，都忍不住心想：

「在事情走到這樣的地步之前，是不是還可以做些什麼幫助他們呢？」

驗屍證實凶手的明確殺意

透過司法驗屍所確認的死因，可以用來判斷犯罪行為與當事人的死亡是否有關係。

若解剖後發現死因是「頸部受到壓迫的窒息死亡」，警方就會去尋找造成頸部壓迫窒息的凶器。找到凶器後，可以從遺留在凶器上的ＤＮＡ鎖定嫌犯。不過有時候並不是找到死亡原因就可以解決案件。

——

有一具胸部遭到菜刀刺傷的遺體送到我們的解剖室來。因為胸部有明顯傷口，所以我的第一個想法是，會不會是「胸部遭刺傷造成失血過多而亡」？然而，光是從外表觀察，無法確認到底是用多大的力道將刀子刺向胸部。

司法相驗的工作除了找出死因，還必須記錄相關事證，好比說菜刀是從什麼方向和以什麼角度刺向胸部、刺得有多深等等資訊，因為這些資訊可以用來判斷犯罪者是否具有殺人意圖。

假設有具手腕上有刺傷的遺體被送到解剖室來。由於人的手腕上有一條稱為肱動脈的粗大血管，若是這條血管受傷的話，會造成失血過多死亡。因此相驗結果的死因可能就是，「肱動脈刺傷造成失血過多而亡」。

但是在這個狀況下，很難判斷犯罪者是否具有殺人意圖。如果有的話，他會拿刀子刺向對方的手腕嗎？一般來說，不都是刺向胸部、腹部或背部嗎？

雖然受害者已經死了，但如果判斷犯罪行為人具有殺人意圖而且殺人罪成立的話，最重可能會被判處死刑；但若沒有殺人意圖，就會是「過失傷害致死罪」，判處有期徒刑。

為了撫慰被害者家屬心中的遺憾，驗屍不僅需要查明死因，也要針對傷害的狀態做詳盡的紀錄。

自殺現場的血跡指明事實真相

有名男性被發現在自家附近的一棵樹上吊自殺，但現場遺留了許多血跡。死者約莫五十多歲，沒有工作，和雙親住在一起。警方詢問家屬後得知，該名男子從前一天晚上開始就不見人影。

利用自身的體重壓迫頸部造成窒息死亡，稱之為「縊死」。從外觀看來，這名男性確實是縊死的，但不知道為什麼現場會有血跡。

經相驗發現，死者胸部有三處刀傷，現場血液顯然是從這些傷口流出來的。警方調查這名男子長期以來患有精神疾病，之前也有過幾次企圖自殺的紀錄，因此初步研判是自殺身亡，有可能是想用刀子刺向胸部，但刺了幾下沒死成，所以改為上吊。

三處刺傷的傷口大小差不多，也都位於左胸處。如果是跟某人起爭執而遭到刺傷的話，應該不太可能連續刺中同個部位三次。因此警方認為，胸部的三處傷口是試圖自殺造成的「猶豫傷痕」。

然而仍有一件事情讓人覺得不太對勁，那就是現場並沒有發現凶器。有可能他是在別處用刀子刺傷自己，之後在前往上吊地點的途中將凶器丟棄在某處。可是到處都找不到凶器，因此警方將這名男性遺體送來做司法相驗。

死者頸部有明顯的勒痕，皮膚上有幾處因擦傷而造成的紅腫出血。有出血就表示，他是在還活著的狀態下頸部受到壓迫。

一般來說，上吊者會因為頸部受壓迫而造成頭部出現紅色瘀血，但這名死者頭部的瘀血狀況不嚴重，有可能是因為胸部傷口的出血使體內剩餘的血量不多。

我剖開遺體的胸腔，發現心臟有三處被刀子刺傷的痕跡。其中一處位於心臟中央稍微偏上方，由前往後貫穿了心臟，另外兩處位於心臟前側，也都深深刺入心臟肌肉。

我看到心臟的傷痕，不禁暗忖：雖然是自殺，但總覺得有點奇怪。警方認為是自殺個案，但如果是自殺的話，致命傷應該只有一處才對。造成致命傷後，很難再由自己製造出其他兩處致命傷。

而且拿刀刺了自己心臟三次以後，也很難再走到上吊的地點吧。一般來說，心臟被刺了這麼深的三個傷口，應該連走路都很困難了。

之後經過警方查證，確定是他殺。這名男子原本確實意圖上吊自殺，但據說做父親的目擊兒子試圖上吊後，拿刀子朝他的心臟處刺了三刀。有可能是父子之間出了什麼問題，也可能是父親對長期罹患精神疾病的兒子的未來感到悲觀吧。之後，父親將刺殺兒子的刀子藏了起來。

不知道當這位父親看著自己的兒子上吊自殺，是什麼樣的心情呢？

但刺殺兒子就是犯罪了。我將透過驗屍確認的傷口成因與死因寫在報告上，交給警方，而這份驗屍報告就成了審判的證據之一。

然而，每當我遇到這類案件時，都忍不住心想：「在事情走到這樣的地步之前，是不是還可以做些什麼幫助他們呢？」

專題探討：法醫學與精神醫學

附設醫學院的大學往往都會設置可供作診療研究及學生教育實習的醫院。這類型的醫學研究被稱為臨床醫學，包含內科、外科、婦產科、小兒科、耳鼻喉科等等各類科別。當然，他們處理的對象是活生生的病患。

相對的，法醫學所面對的對象是死去的人。這並不表示法醫學不需要面對生者，有時候法醫也必須去診斷造成死亡傷害的人。

然而由於我們所處理的幾乎都是死亡，從這一點來看，法醫學確實是醫學領域中相當特殊的一環。

對法醫學來說，臨床醫學中最為熟悉與相關的一門科別就是精神醫學了。至少我是這麼認為的。

「為什麼是精神科呢？精神治療跟法醫學完全沾不上邊呀！」精神科

的醫師可能會這麼說。

事實上，我們所解剖的死者中，有不少人生前都患有精神疾病。在我所工作的醫院，相驗對象中約有三成在生前接受過精神科的診治。當我將這項數據告訴同醫院的精神科醫師，他們都露出驚訝的神情。

我一年會相驗兩百到三百具遺體，按比例來說，就是一年內會解剖約六十到一百位精神病患的遺體，這些接受過精神治療的死者中，有部分是因為生病而亡故，也有些人是犯罪的受害者。而遭到殺害的死者裡，四分之一是精神疾病患者。

也有些精神病患因為想自殺而大量服用處方藥。身為法醫，每次看到這類死者都不禁思考，他們周遭的環境是一個很大的阻礙。

家中若有人罹患精神疾病，往往整個家族都會遭到社會的孤立，這一點成為引爆死亡事件的主因，造成嚴重的社會問題。

相信妻子罹患失智症而一起殉死的丈夫

在法醫的執業生涯中，我也曾經處理過全家人一起自殺的案例。這當中有些人是因為孩子生病了，對未來感到茫然黯淡，或者是在照護家人的過程中感到身心俱疲，因此相偕走上絕路。

我要說的這個案例，是一對約七十多歲的老夫妻，妻子罹患失智症，丈夫在桌上留下一張寫著「我照顧得太累了」的字條後上吊自殺，而同樣死去的妻子頸部則有繩子勒痕。

因為現場留有遺書，而且很明顯丈夫是上吊自殺的，所以並未解剖老先生的遺體，只是出具一份死因為「自殺」的死亡證明書。但老太太就不是這麼一回事了，由於可能是「嫌疑犯為丈夫的殺人事件被害者」，為了確認死因，必須要驗屍解剖。

從遺體的外觀來看，頭部有紅腫瘀血的現象，頸部也有繩子的勒痕。即使知道加害者是丈夫，而且丈夫也已經過世了，動機更是明確，那麼這時候驗屍對社會來說只是必要的程序，「但驗了屍又有什麼用呢」？這兩人無法死而復生，也永遠不可能逮捕凶手。

然而這個案例不一樣，驗屍之後發現了意外的事實。

女性死者原本被認為是罹患了失智症，解剖後卻發現她的腦部並沒有萎縮。人腦的重量約為一千四百公克，一般來說失智症患者的腦部會萎縮，重量可能會少於一千兩百公克。但是這名老太太不僅腦部沒有萎縮，重量也跟一般人差不多。「腦部並未縮小，如果是失智症的話，似乎不太合理？」我一邊這麼想，一邊將取出來的腦放在板子上，用一把長四十公分的手術刀將它剖開。令人驚訝的是，腦內竟然有一顆乒乓球大小、淡褐色的腫瘤。

做丈夫的相信妻子得了失智症，並且一直照護著妻子。然而事實上，妻子之所以會表現出失智的症狀，都是因為腦癌的關係。後來的驗屍也發現，腦癌是肺癌轉移造成的結果。

眼見妻子的記憶力衰退，丈夫理所當然認為妻子應該是得了失智症，而他這麼想多少是因為身邊有不少同樣的案例。最近許多老人家的異常狀況都被診斷是失智。事實上，丈夫曾經帶著妻子至住家附近的醫院求診，但當時並沒有發現是癌症轉移。

其實只要做腦部的電腦斷層掃描就可以查出正確病因了，但醫院方面可能沒有馬上做詳細檢查，只是先觀察狀況。

如果丈夫知道妻子並不是罹患失智症，而是腦癌的話，他還會這麼做嗎？若他知道妻子不久就會離開人世，即使對未來感到悲觀，是不是就不會下手殺害妻子也不會自殺了？

如何把實情告知在解剖室外頭等待的家屬，也不是件容易的事。

我覺得自己唯一能做的事情，就是將兩人的案例寫進這本書裡。雖然讓讀者們知道這個故事，我想也無法為已經死去的他們做些什麼，但若你們其中有些人能夠對他們兩人的際遇產生一些同情，也就達成我的目的了。

老年人遇到生活或健康的問題時，若是不懂得求助，只會讓情況越來越嚴重。他們應該試著跟周遭的人或行政單位連繫，我想這麼做至少能帶來一些安慰與幫助。

小傷口放置不管奪走了孩子的性命

小女孩的腳腫脹流膿，一看就知道是細菌感染。

死者是一名小學低年級的女童，和父母、弟弟四個人一起生活。母親發現女兒的身體狀況惡化，趕緊打電話叫救護車，可惜救護人員抵達時已經無力回天。

檢視遺體外觀，女孩左腿的膝蓋纏著繃帶，除此之外身上沒有其他明顯的傷口。我將捆在膝蓋上的繃帶用剪刀剪開後，發現裡頭還纏繞著一圈一圈的保鮮膜。

拆下繃帶和保鮮膜後，可以看到紅腫的傷口。皮膚上有穿孔，黃色膿液滲出傷口。就醫學而言，身體有膿汁是體內的白血球與細菌戰鬥的跡象。

我仔細檢查內臟器官，沒有發現任何異常。驗屍結束後，採取血液樣本，檢驗血液裡是否帶有細菌。這個程序又稱為血液培養檢查，可以確認血液內是否有細菌，以及若有細菌的話又是哪一種類型的細菌。

檢查結果證實女孩的血液裡有不少金黃葡萄球菌。正常來說，我們的皮膚以及鼻腔內都會有金黃葡萄球菌，而在一般狀況下，這種細菌是不會造成疾病的，帶菌者也沒有病徵。

然而，這些細菌透過女孩腳上的傷口竄入體內，血液中出現金黃葡萄球菌，就表示它們已經布滿了全身。

女孩**死因是「敗血症」**，一種因細菌入侵感染全身的危險疾病，嚴重時可能會致命。

這一次的驗屍屬於司法相驗——為了確認監護人是否盡到保護未成年子女的責任而進行的驗屍解剖，屬於犯罪調查的一環。

根據警方調查，這名女孩在過世的三週前，於玩耍時不慎撞到水泥塊導致膝蓋受傷，傷口有破皮出血，但做母親的只是用繃帶把傷口包紮起來，接下來便沒有再多加留意，導致細菌從傷口入侵並蔓延全身，最後引發敗血症。若是在女孩受傷後便先仔細替傷口消毒，或是帶她去醫院好好治療的話，就不至於因細菌感染而死亡。

看到這樣的案例我內心總是無限感慨。孩子無法選擇自己的父母，雖然法律會追究父母親疏於照顧的責任，但因小傷而不治的情況還是令人心酸，也值得每個人好好警惕。

驗屍確認究竟是虐待致死還是病死

那一天，解剖室裡來了比平常還要多的警察。

驗屍的對象是一名六歲的男孩。根據父母的證詞，男孩在家裡跟哥哥嬉戲時，突然就向後倒下。緊急召來救護車送至醫院，檢查後的**死因是「蛛網膜下出血」**。我們的大腦表面覆蓋著一層透明的「蛛網膜」，大腦表面、蛛網膜下部位（大腦和顱骨之間）的出血就稱為「蛛網膜下出血」。蛛網膜下出血有兩種類型，一種是位於腦底部的動脈瘤（天生）破裂造成的出血；另一種是因交通事故等外在原因所造成的出血。

雖然醫院判斷死因是蛛網膜下出血，但不清楚造成出血的原因是疾病還是外傷。警方為了釐清事實，決定將男孩送至解剖室。

六歲左右的孩子很少會因為疾病而造成蛛網膜下出血，因此醫生也懷疑出血的原因莫非是遭到身體虐待？

實務上，當醫生診療時發現疑似兒虐的個案，便有義務向兒童輔導所通報。由於這名男孩還有其他手足，未免再有虐待情事所以必須介入調查。

這就是為什麼在本案進行驗屍的時候會有這麼多人來到解剖室。我自己也從未相驗過因蛛網膜下出血而過世的孩童遺體，老實說心底也懷疑會不會是兒虐事件。

首先，遺體的頭部外觀並沒有任何可見的傷口。再者，遭到虐待的孩子通常過著有一餐沒一餐的生活，所以體重往往低於平均值，可是眼前這孩子的體重跟同年齡的孩子沒什麼兩樣。

若判斷有虐待的事實，最先會被懷疑的就是孩子的雙親。但如果沒有確切的證據，很難做出具體的法律處置，因此我必須謹慎檢驗各項跡證。

打開遺體的頭蓋骨，檢視腦部表面，看到一片鮮紅的蛛網膜下出血。為了確認是哪裡的血管破裂，必須要看看位於腦底部的動脈血管，因此我將腦部從頭蓋骨內取出來，很快就找到了呈螺旋狀的異常血管。正常來說血管都是長條狀，但我看到有幾根細細的血管變得彎彎曲曲，如此一來當然很容易破裂，可能因為某些原因就造成出血。看來男孩的血管異常是天生的，由此可以判斷是因為疾病而造成蛛網膜下出血。

雖然男孩的死亡令人遺憾，但確認並不是因為虐待致死，我不禁鬆了一口氣。當我將驗屍結果告訴在一旁緊張等待的警察，並確認死因是疾病時，眾人都如釋重負。

被懷疑是虐待致死的案例，即使透過驗屍解剖，也不一定就能明確判斷「並非虐待」。過去我曾經遇過一個案例，父母宣稱孩子是「從櫃子上摔下來」的，而除了腦部出血，孩子的身上確實也沒有什麼明顯的傷痕，因此很難判斷是否遭到虐待。

幾年後，我從警方那裡聽說，那個男孩的弟弟也死了，而且同樣因為被懷疑是虐待致死而進行驗屍解剖。我不由得心想，當初我相驗過的那個孩子難道真的是遭到虐待而過世的嗎？我們透過驗屍努力挖掘死因，但即使找出了死亡原因，造成死因的行為究竟是意外還是虐待往往很難說得準。畢竟法醫是人不是神，還是有力有未逮之處。

河中發現的骸骨

某天我接到警方打來的電話：「有人在河裡面發現了兩根骨頭，現在可以拿過去嗎？」

「你可以拿過來，但要我做什麼呢？」我故意這麼問。

我當然知道要做什麼，警方主要是想知道這骨頭究竟是不是人骨。若確認是人骨的話，就是「屍體遺棄事件」，必須進行犯罪調查。

但我之所以刻意問「要做什麼」，其實是有理由的。在我接到這通電話的幾天前，同一個轄區內的其他地方也發現了骨骸。當時警方將約莫二十根骨頭送到解剖室，大家都一陣緊張，想說該不會是發生了分屍案件？還好經過檢驗很快就確認這些骨頭並非人骨而是豬骨，大概是有人用豬骨來熬湯頭，用完以後隨手丟進河裡吧。

順帶一提，若是豬骨的話，只要看外觀大致就可以知道是什麼部位的骨頭，因為豬骨的形狀與人骨非常相似。不過雖然形狀相似，粗細與長寬的比例顯然不同，最明顯就是豬隻腿部的骨頭又粗又短。話說回來，看到豬骨會讓人覺得牠們果然跟人類一樣是哺乳動物。

由於之前的經驗，所以我心想這一次警方拿來的可能也是豬骨吧。然而骨頭一送進解剖室，我就知道是人骨了。

其中一根是肱骨（肩膀到手肘間的骨頭），另一根則是脛骨（膝蓋以下的骨頭）。

發現者是住在河川附近的人，隨即通報警方。確認為人骨後，警方就以「受害者不詳的屍體遺棄事件」展開調查。

即使只有兩根骨頭，我們也可以查出很多事情。

首先，只要測量骨頭的長度，就可以推測出身高。法醫學中有一套從骨頭長度計算身高的公式。我們根據這個公式計算，發現骨頭的主人身高約莫一百四十公分左右。

接著可以透過骨頭知道性別，因為男性和女性身上有幾根因性別而有所差異的骨頭。檢驗頭蓋骨是最快能夠判斷性別的方式，但本案目前只有肱骨跟脛骨，尚無法判斷。近來科技進展後，用DNA檢驗也可以判斷性別，而骨頭內則有滿滿的DNA，於是我們取下骨頭的一小塊碎片，送至警方的科學鑑識研究所，檢驗後確認骨頭屬於女性。

再者，觀察骨頭的斷面可以推估年齡層。一般而言，年輕人的骨頭內滿是骨髓，老年人的骨頭裡則空隙較多。以現行的技術，要靠DNA判斷年齡恐怕還有些困難。

由於推測出來的身高是一百四十公分左右，所以我們原本懷疑會不會是小孩子。但以X光照射骨頭並沒有看到成長期孩子特有的「生長板」，所以骨頭的主人應該不是小朋友。

我們這邊進行驗屍的同時，警方也在撿到骨頭的現場進行搜查。

那條河川約有五公尺寬，深度頂多五十公分，而發現骸骨的地點是在離河口五百公尺左右之處。警方數人一字排開橫跨河床，從發現骨頭的地點往河口方向前進，一邊走一邊尋找是否還有其他骨頭。

令人驚訝的是，他們竟然找到了兩百根以上的骨頭，不過依然沒有頭蓋骨。

警方來電話：「我們找到了兩百根骨頭，現在就送過去。」我雖然爽快地回答：「沒問題，拿過來吧。」但心裡明白接下來有得忙了。

我將送來的骨頭一一排列在解剖檯上，很快就發現大多數都不是人骨。雖然形狀與人骨相似，但骨頭的長寬比例不符。不過其中有一根骨頭無法判別，那是一根肋骨。

通常遇到這種狀況時，法醫會將骨頭送去做DNA檢驗，以判別是人骨還是獸骨。若檢驗出人類才有的DNA，就可以確定是人骨。檢查結果出爐，這根肋骨確實是人骨，而且跟先前發現的兩根骨頭屬於同一主人。

警方調查後發現，骨頭的主人應該是住在河川附近的一位八十多歲女性，與丈夫一同生活。根據她丈夫的說法，妻子因病長期臥床，後來不知道什麼原因過世了，做丈夫的便將妻子的遺體分屍後丟入河川內。

法醫學鑑定可以從骨頭判斷主人的性別、年齡、身高等等，卻無法單從骨頭判斷死因，所以最終我無法確認這名女性究竟是病死還是遭到殺害。

臉上傷口指出凶手可能無明確殺人意圖

一名大約七十多歲的男性及其妻子的遺體被送進解剖室。夫妻的臉上皆有數十處刀子造成的刺傷。看到兩人臉部大量的傷痕，我不禁揣測：「到底發生什麼事？」警方告訴我，這對夫妻是被自己的兒子刺殺的。

法醫學上稱被刀子等尖銳物體刺傷的傷口為「穿刺傷」。在日本，最常見的殺害方式是絞殺（勒住脖頸），第二個就是穿刺傷了。

刀子或菜刀如何致人於死呢？

穿刺傷造成的死因大多都是失血過多。血液從傷口大量流出，使得氧氣和養分無法傳送至腦部和臟器，從而無法維持生命系統導致死亡。

本案中，我們一一記錄遺體上的傷痕。主要是替傷口做編號並拍照，記下每一個傷口的位置、刀子從什麼方向刺下、刺得有多深等等。我刻意讓自己像個機器人一樣什麼都不思考，只是機械性地進行作業。

每當我在驗屍時，總是這樣告訴自己：「法醫的工作是盡可能詳細地記錄遺體的狀況，至於去推斷為什麼會發生這樣的事情，那是警方的工作。」

解剖結束後，我在死亡證明書的「**死因**」欄位裡，填上「**出血性休克**」。大量失血後，短時間內即死亡的狀況稱為「失血過多致死」，若是過了一段時間才死亡則是「出血性休克」。

這對夫妻的遺體特徵是，頸部附近的細小動脈都有傷口，因此是少量的持續出血造成死亡。讓人比較意外的是，頸部最粗的一條頸動脈完全沒有受傷；若是這條動脈被切斷，會馬上大量失血並失去意識，死因就成了失血過多。

我從兩人身上的傷口研判，失血的速度沒有很快。但不知道犯罪者為什麼會執著地在兩人臉上造成多處傷痕呢？我並非犯罪心理學專家，因此很難推敲原因，只不過當我記錄著夫妻兩人的傷痕時，忍不住懷疑他們的兒子真有殺害自己雙親的意圖嗎？

若真的想要置對方於死地，應該會選擇刺胸部或腹部，人的臉上並沒有粗大的血管，因此犯罪行為人應該知道只是刺臉的話不會造成致命傷。他反覆在對方臉上留下傷口，有可能是對父母懷有強烈的怨恨。而我也認為，他之所以沒有在胸部和腹部留下傷口，或許就表示他並沒有殺人的意圖。但是犯罪調查是警方的任務，就不屬於我的職掌範圍了。

專題探討：失血多少會造成死亡？

人體的血液量約莫是體重的十三分之一，但是不同年齡的人或許會有些差異。一個體重六十五公斤的人，體內會有約五公斤（五公升）左右的血液在流動；若流失這個分量的三分之一，就會有生命危險。

不僅流血的量，血液流失的速度也是造成死亡的關鍵。

在穿刺傷造成失血的狀況下，若血液是一點一點慢慢流出，那麼身體比較能夠即時對失血做出反應，為了維持重要器官如腦部的運作，會加快心臟跳動的速度。但若主要血管（動脈）被切斷的話，失血的速度相當快，即使心跳速度加快也無法應付，如此一來，就算才剛剛開始失血，傷者也會很快死去。

造訪法醫學教室的殺人凶手

我的老師曾經告誡我們：「法醫並非完全不可以跟死者家屬交流，但不宜透露會妨礙警方調查的情報。」

我認為不管從事什麼工作，都應該遵守上述原則。老師的教誨我謹記在心，因此至今我都是盡量不直接跟死者家屬接觸，盡可能透過警方傳達驗屍的結果和訊息。

司法相驗是基於刑事訴訟法的原則來執行，若警方判斷有必要進行司法驗屍解剖，就會向法院提出申請，經法院同意後才可以開始進行。因此並不是警方認為有必要驗屍就可以馬上開驗，必須由法院這個獨立於偵查系統之外的中立機構來判斷。法院核發驗屍的文書稱為「鑑識許可書」，但對一般人來說，可能更熟悉「令狀」這個用詞與形式。

電視劇中常會出現警方要搜索某人住處時會先出示一張令狀，也就是法院核發可以搜索私人住宅的搜索票。法醫亦然，如果沒有收到法院核發的令狀是不可以執行驗屍的。

順帶一提，大家會在法醫相關戲劇中看到法醫跟警方一同前往現場勘驗，或者跟可能是犯罪者的嫌犯交談，但事實上法醫不做這些事情，這只不過是戲劇演出的效果。

法醫是不會跟犯罪者面對面的。有種可能是在解剖室外等待的死者家屬中有人是凶手，但這是非常少見的情況。

然而，我確實有過一次跟犯人交手的經驗。

曾經有一位仁兄造訪我工作的大學，他自稱是我相驗過的死者的公司主管，希望可以取得死者的「死亡證明書」。我在法醫辦公室與他見了面並告訴他：「死亡證明書只能開具給死者家屬，如果你想要的話，請先取得家屬的同意。」

我後來才得知，那個人就是犯案的凶手。他替部屬投保了金額龐大的意外險，受益人是公司，之後他再買凶殺人，讓人開車撞死被害者。為了領取保險金，他必須提出死亡證明書，因此才找上我。

當然我沒有把死亡證明書交給對方，他之後也沒有再來過校學。事後我聽說，在警方查明案件真相、準備加以逮捕以前，這名嫌犯就自殺了。

此案中死者是因為車禍而身亡，我在他的死亡證明書上寫下，**死因是「肋骨多發性骨折導致的失血過多致死」**。

法醫可以透過解剖了解死因，但造成死亡的行動究竟是意外或謀殺就不得而知了。調查真相的事情還是只能交給警方來偵辦。

在家中異常死亡的真相

有些交通事故發生時，確實對當事人的身體造成了與死因相關的傷害，不過意外當下並沒有出現任何症狀，而是要過了一段時間以後身體才突然開始惡化。當因為這種情況而身亡的遺體被送至解剖室時，通常一時間難以發現與判斷死因是跟交通事故有關。

而這種案例就牽涉到警方的鑑識單位與相關流程。

「醫師法」規定，如果醫生無法判斷死者是否真的死於疾病時，不應出具死亡證明書，而必須通報警方，也就是說醫生有「通報異常死亡屍體的義務」。

警方收到異常死亡屍體的通報後，必須前去鑑識，調查當事人死亡前後的狀況，若判斷需要驗屍，再向法院提出申請，由法醫進行相驗。

此時負責鑑識的人員也稱為「監察醫」，隸屬於刑事課。

不過交通事故現場的鑑識工作則是由專門人員負責。調查交通事故需要具備高度的專業知識，例如偵辦肇逃案件時，必須針對事故狀況、肇逃車輛等等進行非常仔細的搜查。

這類專門人員會到交通事故現場去蒐證，然而若發生車禍當下人沒事，卻在數日後在自己家中死亡，前往做鑑識的人就是刑事課的監察醫。但監察醫有時也很難聯想到死者是因為交通事故造成的傷害而死亡。

駕駛是否刻意衝撞行人？

並非所有死於交通事故的人都需要驗屍，而是當警方判斷有驗屍必要時才會進行。

過去曾經發生過一個案件：在大阪梅田站附近的道路上，有輛原本停著的車突然發動往前衝向十字路口，撞飛了好幾個正在過馬路的行人，造成幾名受害者身亡。當時世界各地陸續發生了多起恐怖攻擊事件，所以不免讓人懷疑這起事故是否是刻意開車衝撞人群的恐怖攻擊？後來證實並非如此。

解剖駕駛的遺體之後發現，在事故發生前不久，他就死於「大動脈剝離」，這是一種會造成突然死亡的疾病。大動脈剝離是指位於胸腔附近的大動脈膜裂開造成出血。所以此案並非刑事案件，而是駕駛者突然病逝所造成的意外事故。

若駕駛是因為疏忽或酒駕而造成意外事故，那麼他顯然是犯下重罪；但若駕駛是因突然死亡而造成意外，便很難釐清駕駛到底有沒有責任。

現代社會顯然會出現越來越多高齡駕駛，可以預期這些駕駛在開車時突然發病或心肌梗塞、中風的機率都更高了。最近也有不少媒體報導，出現失智症狀的駕駛引發了意外事故。不只是老人家的問題，也曾經有糖尿病患者在開車時血糖過低，或癲癇患者在開車時突然發作等等事故原因。這些狀況都需要靠驗屍來釐清到底是什麼原因引發了意外事故。

因交通事故而身亡的人若生前有投保，必須確認死因是事故意外還是生病。某些人壽保險的合約中會針對交通意外死亡有特殊條款規定。

若是在上下班途中因意外或疾病而過世，則可以申請職業災害賠償。依據不同的死因，對死者家屬的說明也會有所不同，驗屍確認才能萬無一失。

DNA可以持續追查犯罪者的蹤跡

二〇一〇年四月二十七日日本通過修改刑法及刑事訴訟法部分條款，將殺人罪等「傷害致死罪」的追溯時效改為永久或是延長時效。

過去在日本，殺人罪的追溯期是二十五年，也就是說犯罪者若能逃過二十五年的效期，就可以免於被追訴和受罰。修法後取消了殺人罪的追溯期，只要在修法後追訴期還沒有過，即使是在修法前犯的案也適用修法後的規定。

此次修法不僅針對殺人罪的效期，傷害致死罪的追溯時效也從十年延長到二十年，強姦殺人罪從十五年延長到三十年。據稱修法的主要考量是死者家屬的心情，「家人被殺害了，實在難以接受過了一段時間以後犯人就可以免除刑責」。但我認為最重要的原因是，現在有了DNA鑑定的技術，永遠都可以追查嫌犯的蹤跡。

根據現在的科學技術，我們可以從遺留在犯罪現場的物品上取得犯罪者的DNA，持續追查各種涉嫌的可能性。

二〇〇四年發生的茨城縣女大學生遇害事件，就是靠著在女學生的遺體上採得的嫌犯DNA，而得以在十三年後揪出真凶，並以殺人和強姦殺人的罪名加以逮捕起訴。

或許現在還有些犯罪者會以為，「只要不在現場留下我的體液或指紋就好，這樣就不會被抓到。」但是要完全抹除一個人的痕跡是不可能的事。只要伸手觸碰過現場的任何物品，上面就會留下許多DNA。若是用繩子絞殺受害者，繩子上面也會留下罪犯的DNA。警方會把所有物證都保存起來，就算嫌犯已死，進了墳墓裡也可以揪出凶手。即使犯罪者生前逃過制裁，死後還是會遭到追查，可以說是連死了都不能安心呀。

屍體已木乃伊化，警方依靠搜查線索定罪

幾年前的六月，有人在位於ＪＲ車站附近的廢棄物放置處發現了一輛小貨卡，裡頭有一具用毯子裹著的屍體。這是一起「加害者身分不詳的屍體遺棄事件」，於是送到我這裡做驗屍解剖。

躺在解剖檯上的遺體是約莫三十多歲的男性，皮膚已經因為木乃伊化而變得僵硬，外觀呈現茶褐色及黑色。遺體是在六月被發現的，估計死亡時間應該是在前一年的十二月到當年的二月左右。如果是在氣溫比較高的時期死亡，屍體應該早就已經腐爛，但這具遺體不僅沒有腐化，還開始木乃伊化，由此推測是在低溫的時期死亡。

木乃伊化的屍體會變得硬邦邦的，解剖刀難以切開皮膚，但我們還是盡全力解剖以便檢視內臟的狀況，結果驚訝地發現內臟竟然全都消失了，腹腔內滿是某

種鰹節蟲，這種喜歡乾燥屍體的蟲把內臟給吃掉了。

儘管少了內臟，但還有骨頭可辨識。檢查後確認頭蓋骨和肋骨都沒有骨折的跡象，但是前額頭皮內側呈現赤紅色。由於遺體木乃伊化，從外觀看不出膚色，但皮膚內層還是維持白色，所以可以清楚看到變色情況。人活著的時候撞傷的話，皮膚就會變色。前額變紅色就表示這名男性生前曾經撞擊過這個部位。

打開頭蓋骨，腦部已經變得黏糊糊的，由於沒有凝血處，可以研判腦部沒有大量出血。若是腦部大量出血而死亡的狀況，即使腦內變得黏滯，還是會留下出血部位的紅色凝結。

完成解剖後，依然無法判斷死因，只知道死者生前腦部曾受到撞擊，但這個撞擊並沒有造成腦內出血，因此並非死因。

我在死亡證明書的死因欄寫下：「**死因不詳（因屍體已木乃伊化）**。」由於內臟被蟲吃光了，所以無法確認死因。

大約就在同一時期，有位醫生朋友給了我一份報告，內容集結了美國急救現場的案例。急救現場常會看到因交通事故而遭到嚴重撞擊的患者，報告中還提到多少量的皮下出血會導致死亡。若人體遭到撞擊，肌肉會受到損傷，肌紅蛋白的蛋白質會從肌肉中流出，順著血液流遍全身，導致腎臟無法負擔，若不加以治療，會因為腎功能衰竭而死亡。報告中還寫著，若全身有百分之三十以上的皮膚面積出現皮下出血，就會造成死亡。

本案驗屍後雖然死因仍不明，但警方持續進行調查。之後我才知道整起事件的真相是，死者向車子的主人借錢，主人討債不成便毆打對方致死；死者頭皮內側的瘀血應該就是被毆打時造成的。儘管驗屍的結論是，頭部瘀血並非死因，但若能證實死者全身有百分之三十以上的皮下出血，就可以找到死因了。可惜因屍體已經木乃伊化，再也無法找到證據了。

警方從死者的友人那裡取得證詞，他表示過去共浴時曾看到對方身上到處都是瘀傷。於是警方也查了死者身上何處有瘀傷、瘀傷面積又有多大。

結果證實，死者全身確實有超過百分之三十的瘀傷面積。若他的年齡較長，還有可能是因為心肌梗塞或腦出血而死亡，但他是三十歲的壯年，因疾病而突然過世的狀況很少見。

根據警方最終的報告，男子**死因是「因毆打造成皮下出血導致腎功能衰竭」**。加害者以傷害致死罪被逮捕並送上法庭審判。

死亡後經過一段時間，遺體已經腐敗或是木乃伊化，即使解剖了也無法判斷死因；但在罕見的案例中，會依據警方的調查而確認死因。

專題探討：對人有害的生物

蛆、鰹節蟲、埋葬蟲、螞蟻、蟑螂、水蛭、蝦子、螃蟹、鯊魚、烏鴉、老鼠、貓、狗、狐狸、狸貓、浣熊、山豬、馬、象、熊、人類，上述這些生物都可以傷害人類並且毀損屍體；其中水蛭、蝦子、螃蟹、鯊魚是水中生物，其餘都是陸地生物。

當中會直接對活人造成危害的是鯊魚、山豬、馬、象、熊、人類。確實也有過狗襲擊人類而造成死亡的事件，但我並未親身接觸過這類案例。

水中生物鯊魚和陸地生物熊，會將人類視為獵物而加以襲擊。我所居住的區域從未有過鯊魚襲擊人類的事件，但據說在較溫暖的地帶有出現類似案例。

電視曾經報導過，有人入山採野菜結果被熊攻擊致死。我看過一份關於被熊襲擊致死的驗屍報告，報告中提到死者的大腿被熊啃食得一乾二淨。

會襲擊但不會吃掉人類的生物是馬、象和人類本身。

我曾經相驗過一個個案是在馬廄工作的員工，他是被馬兒踢傷肺部而不治身亡。

另外，動物園裡飼養的大象也會突然性情大變，工作人員被大象甩飛因撞擊而死亡的案例時有所聞。

不過，馬和象並不是想要吃掉人才這麼做。牠們都是草食性動物，不會把人類當做食物。

至於山豬，雖然同樣不會把人類當作食物，但若是遇到情緒激動又帶著小山豬的母山豬，就可能會朝人類衝過去。法醫學者羽竹聖彥等人曾製作過一份有關被山豬的突牙刺死的驗屍報告，這些受害者在被山豬追趕奔逃時，膝蓋後方被山豬的獠牙刺穿，頸部也被刺傷，因大量出血而身亡。死者臉部往往也血肉模糊，推測可能是死後被山豬啃食。

我居住區域的附近有一條東西向的國道路線，我曾經在這一帶看過山豬群沿著下方的水泥河堤往海邊的方向走。我從上往下看，正好看到山豬就從我的下方經過，恐怕是覺得附近可以找到食物吧。

另一個不得不提會傷害人類的生物，就是人類自己了。人類會為了掩藏罪行而毀損屍體，有時候還會將遺體分屍後埋在土裡、丟進水裡，或是丟棄在垃圾場。經過一段時間之後，屍體因腐化而發出臭味，才會被人發現。依據法醫學者井尻巖的報告，甚至有在火葬場工作的嫌犯將被害者屍體丟入焚化爐燒掉的案例。

昆蟲也會損壞屍體。夏天時進行驗屍解剖，常會看到屍體上長了蛆，而蛆會吃腐肉。吃屍體的代表性昆蟲就是鰹節蟲，這種蟲最喜歡木乃伊化的乾燥屍體。解剖木乃伊化的遺體時，常會看到胸腔及腹腔內有許多鰹節蟲的成蟲、幼蟲，以及蟲的屍骸。被鰹節蟲吃過的人體組織會變成茶褐色的粉塵，看起來就像鰹魚粉。

水蝨是海中生物，遍布於日本的太平洋沿岸。牠們是一種黑色的節肢動物，體長約一公分，寬約零點五公分。我曾經看過一個報告說，水蝨在二十四小時內可以將人的臉部啃食到只剩白骨。雖然蛆也可以把人體吃到只剩白骨，但大約要花上一個月的時間。

有一個「加斯帕法則」可計算死後屍體腐敗的速度。若將陸地上屍體腐敗的速度設定為一，泡水屍體的腐敗速度就是二分之一，土地中為八分之一。除非環境特殊，一般來說泡水屍體的腐敗速度會比陸地上屍體的腐敗速度還要慢。但若屍體遭到水蝨啃食，加斯帕法則的計算恐怕就無用武之地了。

法醫學在判斷死亡時間上，也要考量到損害遺體生物的存在與否，才能做出正確解讀。

〔第四章〕

死亡解剖檯呈現的現代課題

在我們與他人的關係中，才會讓人感受到孤獨。
這名老太太可能就是因為這樣才選擇自殺的吧！

身處人群中的孤獨死

我走進解剖室，首先站在較遠的位置觀察遺體，因為從遠處觀望可以很容易看到遺體身上哪個部位的傷口比較多，或者臉是不是比身體其他部位還要紅等等狀況。通常等開始進行細部解剖之後，就很難再察覺到整體情況。

某一天，有位高齡女性的遺體被送到解剖室來。

死者的家人發現「奶奶的樣子怪怪的」，便趕緊呼叫救護車，可是急救人員趕到時，老奶奶的身體已經冰冷，甚至出現死後僵硬的現象。

警方接獲通報後，派了委任醫生前去現場勘驗。醫生必須先檢查遺體確認是否有異常死亡的狀況，若沒有的話就開立死亡證明書。

醫生研判並非異常死亡，警方也認為沒有犯罪相關的跡象，但由於死因不明，所以還是將遺體送來驗屍。

我先從遠處觀察遺體的外觀，第一眼並沒有覺得哪裡特別奇怪。這名長者看來平常身體挺健朗的，或許是因為染上什麼疾病才突然過世，我一邊這麼想，一邊開始進行驗屍。

我發現死者頸部的皮膚有幾處呈現紅色，因此可能是窒息；窒息死亡的遺體上可以看到受壓迫處至頭部的皮膚呈現紅色瘀血的現象。人的頸部有動靜脈貫穿，動脈從心臟輸送血液至腦部，靜脈從腦部輸送血液到心臟。由於靜脈的血管壁較薄，所以只要壓迫頸部，靜脈血流馬上就會停止；動脈血管壁較厚，受壓迫後血流不會立刻阻斷。如此一來，腦部的血液無法回流至心臟，導致心臟至腦部間的血流機能出問題，但血液尚且可以透過動脈供給腦部，所以頭部變得比身體其他部位還要紅。

在日本，最常見的殺人手法就是頸部壓迫，也就是絞殺。只要壓迫頸部數分鐘，就可以阻斷心臟與腦部之間的血流，造成窒息死亡。因此法醫在驗屍時，通常都會仔細觀察頸部。若頸部遭繩子勒住，皮膚上會清楚留下繩子的痕跡。

但這名女性是被勒死的嗎？雖然頸部有一些傷痕，但並沒有繩子的勒痕。

我從頭到腳仔細檢視一遍，發現她的腳部有些微變紅，這些紅色的斑點就是所謂的屍斑，人死亡後一定會出現在遺體上。當人還活著的時候，體內的血液是往固定方向流動的，但心臟停止跳動後，血液也會停止循環，往重力方向集中。若死亡時是仰躺的，血液就會從胸部、腹部往背部流動，死後經過一小時，血液就會集中至背部，背部的皮膚開始出現紅色斑點。

而這名死者的屍斑出現在腳部。可是根據一同居住的家人所言，遺體被發現時是躺著的，如果是這樣的話，血液應該會集中在背部才對。屍斑出現在腳部就表示死亡時是站著的。但應該沒有人死了以後還能站著吧？

事實證明，這名老太太是上吊自殺的。這就解釋了為什麼屍斑沒有出現在背部，而是出現在腳部。之後透過警方調查才弄清楚為何頸部沒有繩子的痕跡，因為她不是用繩子上吊，而是用毛巾。但不知道為什麼與她同住的家人不願意明說她是自殺的，我想之所以選擇隱瞞應該是不想讓鄰居們知道這件事吧。

最近常常聽到一個名詞：**孤獨死**。在這個時代，越來越多人是一個人生活，也有越來越多身邊沒有人照顧的老人家獨自死去。可以預見未來這種現象只會變多不會變少。

這名女性並非獨居老人。她跟家人同住，但據說總是一個人吃飯。

我記得曾經看過一份報導提到「孤食」，也就是常一個人吃飯的人，死亡率較高。相較於「和家人一起吃飯」的高齡男性，「一個人吃飯」的高齡男性死亡率多了一點二倍。不過，相較於「和家人一起吃飯」，與家人同住但「一個人吃飯」的人死亡率高了一點五倍。

也就是說，比起「獨居且一個人吃飯」，「和家人同住但一個人吃飯」的人死亡率更高。或許是因為明明與家人同住卻一個人吃飯，更能感受到孤獨吧。或者可以說，孤獨這個詞根本就不存在。哲學家三木清曾說：「孤獨並不是指一個人時的感受，而是指身處人群中的感受。」在我們與他人的關係中，才會讓人感受到孤獨。這名老太太可能就是因為這樣才選擇自殺的吧。

失智造成的意外死亡

這名八十多歲男性的遺體，從肩膀、手肘、腰部到膝蓋都可見到約十公分大小的紅色瘀傷。若傷口是因為碰撞造成的，力道應該滿強的吧！但如果是這樣的話，碰撞處應該不只是瘀傷，還會有表皮脫落的現象，可是實際上並沒有。經檢視確認，這些紅色的傷痕是凍傷。法醫學上常見的凍傷都是出現在肩膀、手肘、腰部等比較大的關節附近，就跟本案的狀況一樣。

這名死者倒臥在一條大圳旁，被發現時身上沒有帶任何物品，因此無法辨識身分。遺體幾近全身赤裸，脫下的衣物散落四周。

這是凍死者常見的「反常脫衣現象」，原因是腦部的體溫調節中樞發生異常，雖然身體失溫當事人卻覺得很熱。

我取出遺體的心臟，發現了可以判斷死因的依據。**凍死**者的血液通常會呈現鮮紅色，所以血液顏色變化是凍死的主要特徵。而本案死者的血液符合凍死的判斷依據。

但這名年長男性為什麼會一個人走到大圳旁邊呢？是不是突然什麼疾病發作，導致他動彈不得所以無法求救？

事實上，這名死者就住在離案發現場不遠的地方，之所以會在冷到足以凍死人的天氣外出逗留，是失智症發作造成的意外。過去他就曾經有過幾次出了門之後就沒有回去的狀況，而這一次家人也早已報警請求協尋。

近來我經常解剖老年失智症患者的遺體。被送到我們解剖室的遺體當中，約有百分之五是失智症患者。根據厚生勞動省的調查預測，在這個超高齡化的社會，罹患失智症的人只會越來越多。而據說這類患者很容易在河邊或海邊出事，包括本案死者也是在河邊被發現的。因此若失智症患者突然行蹤不明，或許家人親友們可以先到其住宅附近的水域地帶尋找。

以前人們會將失智症患者的行動稱為「徘徊」，但現在已經不這麼說了。通常失智症患者若要出門，一定是有明確的目的，並非毫無目的到處遊蕩，只是他們往往走到一半就發現自己迷了路，想要回家卻又記不得怎麼回家。為了防止憾事發生，家人一定要充分理解患者的行動特徵，並且隨時跟鄰近社區保持聯繫確保安全。

死在車子裡的兩歲兒童

學生時代我曾經在小兒科實習過，看到孩子們打針時大哭的模樣，除了不捨也不禁覺得「自己真的不適合小兒科」。現在我成了法醫，每次遇到小孩子的遺體時，常常連解剖刀都劃不下去。

有個剛滿兩歲的小女孩遺體被送來解剖室。她的外表看起來並沒有營養不良，身材圓滾滾的，身上也沒有明顯的外傷。

由於兒虐事件頻傳，每當有小孩的遺體送來驗屍解剖時，我們都必須先確認是否有遭到虐待的跡象。不過從外觀研判，這名小女孩似乎沒有受到虐待，解剖室裡的每個人都先鬆了口氣。

根據女童母親對警方的說法：「在家裡發現孩子的身體狀況不對勁，馬上送去醫院。」但送到醫院時已經過世了。

當時是七月天，所以我們首先檢查是不是「中暑」。要判斷醫院患者是否中暑並非難事，只要測量體溫超過四十度就是中暑。然而要判斷死者是否中暑就沒那麼簡單了。就算測量體溫也無濟於事，因為驗屍時遺體的溫度會降至跟解剖室的溫度差不多。

那麼法醫學上怎麼判斷中暑呢？

體溫一旦上升，我們的肌肉就會融化。所謂融化並不是指會變成黏糊糊的狀態，而是透過顯微鏡可以觀察到肌肉的異狀。

若懷疑死因是中暑，首先要採取位於腹腔內側的肌肉做為檢體。驗屍結束後，以某種特殊的染色液將肌肉染色，放在顯微鏡下觀察。一般來說，長型管狀的肌肉細胞會被染成紅色，可是發生肌肉融化時，看起來便會宛如褪色一樣。我們在這名女童的肌肉細胞裡也看到同樣的現象。

女童的血液亦呈現濃稠狀。抽取血液放進試管，再放到離心機裡搖晃後，可以分離血球與血漿。血液中血球成分的占比又稱為血球容積比；一個人中暑時，由於體內水分減少，所以血球容積比會變高。而這名死者的血球容積比異常地高，所以可以研判是中暑。

之後透過警方調查，發現女童並非是在自己家裡中暑的。據說是母親開車載著女兒去住家附近的商場購物，大熱天的她把車子停在戶外停車場，還將女兒留在車上，自己一個人進去買東西。等到做母親的回到車上時，女兒的狀況已經不妙。

死因確認是中暑，而母親有疏於照顧的責任。之後警方將這個案子移交法院審判，法醫所寫的報告也成為審判時的證據資料。

我之所以在這裡寫到這個案例，目的並不是要指責做母親的不是，而是想要提醒大眾，死亡危機往往就潛伏在我們生活周遭。我經手過不少小孩子的驗屍解剖，真心希望以後不要再遇到類似的疏忽案例了。

眼球出血證明幼兒遭虐待的事實

解剖室裡迴響著木槌敲打在金屬鑿子上的咚咚聲。木槌也是一般手術會使用到的工具，主要用來拆解和移除骨頭。不過整型外科的醫師不說「木槌」，而是「整骨槌」。

我正在敲打遺體的頭蓋骨底部，死者是一名出生才三個月的女嬰。

雙親將女嬰送至醫院時，她已經失去意識。做父親的解釋說：「我要把孩子抱起來的時候，不小心手一滑將她摔到地板上。」

醫院做了電腦斷層掃描，確認有腦部出血，研判女嬰是因為腦出血而死亡。

女嬰被送到解剖室，從外觀看起來，頭皮並沒有明顯的外傷。檢查身高、體重和臟器，也沒有發現異狀。

直到解剖後取出位於胸腔的心臟和肺臟等器官，隨即看到異常之處。正常來說，胸腔的表面應該是平滑無痕的，但小女嬰的胸腔卻有幾處凸起。我摸摸凸起部位是堅硬的，應該是骨頭。

分析原因是肋骨骨折造成的。通常肋骨骨折之後就算放著不管，骨頭也會自行連接癒合，不過癒合的部位會隆起如腫瘤。可以肯定的是，女嬰胸腔內的凸起就是肋骨骨折後又癒合的痕跡。她的左右胸腔各有四、五處凸起，有些還因為出血而發紅。

我打開頭蓋骨，如醫院的醫生判斷，腦部有出血現象。

我想應該沒有多少人有打開人類的頭蓋骨觀察腦部的經驗吧。其實打開頭蓋骨之後，並不會直接看到腦部，還有一層被稱為腦硬膜的白膜覆蓋在大腦的表面上，除去腦硬膜以後才會看見腦部。

我用手術刀切開女嬰的腦硬膜後，看見紅黑色的血塊就沾黏在大腦的表層。腦出血並不一定會致死，但女嬰腦部的出血量非常大。**血塊壓迫腦部是致死的主因。**

但有很多原因會造成腦出血。

腦部遭受強烈撞擊的話，就可能造成出血。可是這名女嬰的頭皮上看不到撞擊的傷痕。事實上，女嬰的腦出血跟肋骨骨折有極大關係。若雙手環抱嬰兒並大力將其前後搖晃的話，手掌的施力點、亦即肋骨處就會骨折；而由於嬰兒的脖子根本還沒變硬，被這麼一搖頭部也會跟著激烈晃動，如此一來就會導致腦部的血管斷裂出血。

父親雖然說是「不小心手一滑讓孩子摔到地板上」，但若只是摔到地板上，應該不會有多處肋骨骨折。肯定是因為前後搖晃嬰兒的身體才會如此，同時釀成腦部出血的意外。

為了查明嬰兒的頭部是否遭到搖晃，我們必須檢視眼球的狀況。正因如此，我才拿著鑿子和木槌敲打骨頭。

支撐大腦底部並與鼻腔構造相區隔的，稱為顱底骨；而眼球位在靠近顱底的位置。若不破壞顱底的骨頭，就無法觀察眼球的狀況。

嬰兒的頭部若受到激烈搖晃，腦部和眼球會一起晃動，如此一來，眼球後側的網膜也會出血。

我拿掉了顱底的一塊骨頭，檢視眼球的外側，發現從眼球視網膜延伸出來的視神經已經因為出血而變成黑色，證實女嬰的頭部曾遭受激烈晃動。

才剛出生三個月的女娃兒不會說話，當然無法告訴別人自己被父母抓起來搖來晃去，但是她的眼球證明了遭到虐待而死的事實。雖然令人心痛，但解剖道出了無法辯駁的真相。

瘀血斑斑證明遭到父母凌虐

躺在解剖檯上的遺體是一個五歲小男孩，他的四肢和臉上布滿瘀青。

根據常識大家都知道，若是我們的腳撞到桌角，撞擊處就會產生瘀血。在醫學上瘀血稱為「皮下出血」，一如其名，就是指皮膚下面的組織呈現出血的狀態。

皮下出血會隨著時間而變色。剛開始是稍帶青色的紅色，接下來慢慢變成偏黃色，最後又回復到皮膚原來的顏色。

瘀青的顏色之所以會改變，是因為血液裡有一種稱為血紅素的蛋白質，血紅素中含有鐵質，而鐵質會隨著時間流逝氧化並變色。

這個男孩的皮下出血有紅色、黃色和綠色，傷痕遍布身體。若是同樣顏色的瘀血，可以判斷應該大約是在同個時期形成的，但他身上的瘀血顏色各異，就表示每一塊瘀傷都是在不同時間造成的。這個孩子不只是被打一次，而是被打了好多次。

男孩的死因是「營養失調」。跟同年齡的兒童相比，他的身高偏矮、體重也較輕，幾乎沒有皮下脂肪，顯示他根本沒有好好吃飯。

我們的心臟上方有一個被稱作「胸腺」的白色淋巴器官。孩童時期的胸腺重量約四十公克左右，隨著身體長大成熟，這個腺體會逐漸縮小，最終變成脂肪。胸腺具有重要的免疫機能，如果人感受到壓力時，胸腺就會跟著萎縮。根據經驗，兒虐個案的當事人胸腺都會變小，而眼前這個孩子的胸腺已經小到肉眼幾乎無法辨識。

依照警方的調查數據，二〇一七年日本兒童輔導所接獲虐待兒童通報的數量是六萬五千四百三十一件。其實這個數字從二〇〇四年以後便持續增加，二〇一七年的數量較前一年又上升了五分之一。

若醫生懷疑有兒童虐待的情事，就必須通報兒童輔導所。

二〇一五年七月開始，日本全國都可透過電話專線「189」直接聯繫兒童輔導所。只要撥打這支電話，就會自動連線到附近的兒童輔導所，以匿名方式通報或進行諮詢，通話內容也會加以保密。

為什麼會發生兒虐事件呢？一般來說，天下應該沒有父母會覺得自己的孩子不可愛吧。事實上，兒虐案例的父母有很高比例在童年時期也曾遭受虐待，而且部分當事人對自己虐待孩子的行為也感到很懊惱。因此我認為很重要的是，要營造並設立一個讓為人父母者能夠尋求諮詢與協助的環境。

法醫的任務是解剖遺體、確認死因。然而找出死因之後，要判斷死因是怎麼造成的就更不容易了。例如驗屍後確認死因是顱內出血，但造成出血的原因是從高處摔落，還是因為遭到虐待呢？要做出正確判斷真的非常困難。

半數的凶手都是親人

被害者是一名年長的女性。她的頭部遭到凶器重擊，造成頭蓋骨及腦內損傷而過世。凶手是她的兒子。

我負責解剖這名女性的遺體。我向法院提出的死亡鑑定書中載明的死因，檢方或辯方都沒有異議。唯一的癥結點是，用來毆打死者頭部的凶器究竟是什麼？因此我被法院傳喚出庭作證。

我站上證人席宣誓過後，由檢察官、辯護律師和法官輪番向我提出詰問。

這名女性死者的頭部有三處並列的傷痕，且傷痕呈現Y字型。這樣的傷口又稱為「挫傷」，導致頭皮撕裂開來，由此可見打擊的力道非常猛烈。由於多道傷痕並列，可以研判凶手是使用同樣的凶器、以同等的力道毆打數次。

但造成Y字型傷口的凶器究竟是什麼？法庭上擺著一張被懷疑可能是凶器的

椅子，法官問我：「凶嫌是用這個椅子毆打被害人嗎？」

我作證說：「若是用椅腳打人的話，確實會造成這樣的傷痕。」一般常見的木頭椅子的椅腳是呈正方形，不過只要仔細看看椅腳的角木就可以明白，以這樣的角度朝一個人猛烈攻擊的話，確實會造成Y字型的傷痕。

為什麼做兒子的會拿椅子攻擊母親呢？

根據檢察官的說法，這名男子在九年前也曾經犯下殺人罪，而且當時的受害者也是由我進行驗屍。原來我曾經為同一位犯罪者的兩位受害者驗過屍，這可是我從未有過的經驗。

令人驚訝的是，前一次事件就跟這一次一樣，犯嫌都是以鈍器毆打受害者，而受害者也是與犯人同住的一位親戚，死因是「頭蓋骨及腦內損傷」。

檢察官表示，第一次犯案後男子被判刑入獄八年。出獄一年多之後，又犯下同樣的罪行。

事實上，法醫學處理的殺人案件中，有五至六成的加害者與受害者是親屬關係，我也解剖過許多遭到自己家人殺害的遺體。跟國外相比，殺害家人的案例在日本相對偏高。每當遇到這樣的個案我都不禁感嘆，這多少是因為許多面臨家人（包括加害者在內）有疾病、失業等問題的家庭遭到社會孤立所致吧。

根據法務省所發表的「犯罪白皮書」，加害者為家屬的傷害致死殺人事件中，動機多半都是一時的激憤。這類案例通常沒有計畫預謀，也極少使用凶器，很多都是突發的情緒所導致的暴力。另外，犯下傷害致死（包含縱火）的犯嫌，在犯案時喝酒的機率很高，因此推測喝酒也是導致犯行的主因之一。我不清楚這名男性凶嫌第一次犯案時的情況，不過第二次犯案時他確實喝了酒。

據說曾犯下傷害致死罪的人，再犯的機率是百分之三十，且刑滿後出獄者跟假釋出獄者的再犯率不同。根據資料顯示，刑滿後出獄的再犯率非常高，也就是說無法假釋出獄的人再犯機會比較高。

本案進行驗屍解剖時，有一件事情讓我感到相當驚訝，那就是造成傷痕的方法：傷口的部位和形狀都跟九年前的案件一模一樣。可能是做兒子的心中感到不滿，所以一時激憤沒有多加思考，就做出了跟九年前一樣的行動反應。

日本的殺人和傷害致死等犯罪事件的高峰是在一九四五年左右，之後就長期觀察來看，有緩慢減少的趨勢。而累犯中有不少人是處於失業或受到社會孤立的狀態。

為了防止再犯，我認為應該要幫助這些人回歸社會，同時我們的社會也必須建立能夠接受與幫助這些更生人的體系。

從血液、DNA到日常用品皆可鑑定身分

一直以來血液鑑定就是法醫學的一項重要工具。有時候遇到身分不明的死亡案例，為了確認死者身分，就必須做血液鑑定。

第二次世界大戰期間，有一些日本人被留在中國東北地區，也就是所謂的中國遺孤。在日本與中國恢復邦交後，日本政府便幫助這些遺孤與在日本的親戚做了身分調查，而當時就是採取血液鑑定的方法。或許沒什麼人知道，負責進行鑑定的就是日本的法醫學教室。

我曾經工作過的大阪醫科大學法醫學教室，就接受了日本政府委託，替中國遺孤做身分調查。若日本這邊的父母親已經過世，只要還有其他親戚在就可以進行鑑定。現在我們也替二次大戰後被扣留而死於西伯利亞的日本人做身分調查。一方面參考當地的紀錄，確認被埋葬在那裡的日本人；一方面尋找是否他們還有

日本親人，若有的話就可以做鑑定比對。

已經下葬許久的遺體無法使用血液做鑑定。但就算沒有血液，也還有牙齒或骨骼可以進行身分調查。隨著時代與科技進步，現在的身分調查大多改採DNA鑑定了。DNA位在細胞核內，是一種很安定的物質，非常適合用來鑑定比對。而且死後經過一段時間，也可以從遺體內採集到DNA。

舉例來說，我們之所以可以知道數千年前的一具木乃伊究竟是埃及哪一位國王，或是哪一位國王的孩子，都是因為DNA經過數千年也不會分解的關係。只要讓遺體保持乾燥並製成木乃伊保存，DNA幾乎可以永久留存。

警方近來也都採用DNA來做身分調查或犯罪搜查。若還有血液殘留，就從血液中取出DNA；若沒有血液，就從骨頭或指甲中取出DNA，因為這些部位大多不會腐化。若找不到遺體的話，也可以從僅有當事人使用過的物品上採取DNA，例如眼鏡、牙刷、鞋墊上會殘留使用者的細胞。

專題探討：親子鑑定也屬於法醫學的範疇

從前從前，有個叫做所羅門的國王。

有一天，兩名女子來到所羅門王面前，請求他裁決。她們兩人住在同一處，也在同一時期生下孩子，但某天其中一名女性抱起孩子正要哺乳時，卻發現孩子已經斷了氣。而她們都主張死去的是對方的孩子，還活著的是自己的孩子，於是兩人就找上所羅門王做個公斷。

聽完她們的說法以後，所羅門王就要臣子拿來一把劍，說要用劍把孩子分成兩半，給兩位母親一人一半。

一聽所羅門王這麼說，其中一名女性就說：「國王呀，請你不要殺了這孩子，把孩子給她吧。」原來這名女子才是孩子的親生母親。這個家喻戶曉的故事記載在舊約聖經中「所羅門的智慧」。

自古以來，「孩子到底是誰的」這種事情經常會引發爭議。在法醫學的領域，這是屬於「親子鑑定」的技術。大多數親子鑑定都是鑑定父子關係，母子關係的話，除了代理孕母的狀況，基本上從孩子出生的時間點大概就可以判斷。

過去的親子鑑定主要使用血液檢查的方式。大家最熟知的血型應該就是A型、B型、AB型、O型。根據孟德爾遺傳法則，血型會從父母遺傳給子女。

事實上，除了ABO，還有其他類型的血型。若當事者並非親子關係，就算檢驗了十種類型以上的血型，一定還是會找出幾個非親子的血型組合。若真的是親子關係，不管調查了多少種類型，一定都是依照遺傳法則的血型組合。

曾經有對夫妻委託做親子鑑定，他們希望可以確認孩子的血型。因為父親是O型，母親是B型，而孩子竟然是A型。

一般來說，依照遺傳法則，這樣血型的父母所生的孩子不是O型就是B型。這對父母也知道這個法則，所以對於孩子是A型這件事情感到無法理解。

從結論來說，這個A型的孩子確實是這對夫妻所親生。與ABO血型相關的遺傳因子有A遺傳因子、B遺傳因子、O遺傳因子三種，但事實上，這三種遺傳因子的構造非常相似，尤其A遺傳因子的構造若缺了一部分，就是O遺傳因子了。

這家人的狀況是，B型母親的卵子在形成時發生所謂的重組現象，兩個遺傳因子的一部分互相交換，造成O遺傳因子欠缺的部分被補足了，因此變成了A遺傳因子的構造。母親是B型，因此她的遺傳因子構造是B遺傳因子與O遺傳因子的組合，而孩子分別從父親和母親繼承了各自的O遺傳因子。但由於母親的O遺傳因子經過重組，因此孩子繼承的遺傳因子外觀上是A遺傳因子，導致孩子變成是O遺傳因子和A遺傳因子的組合，因此才被判定是A型。

協助這家人做親子鑑定的人正是我的老師，也是親子鑑定的權威。由於這一家人的血型結構非常罕見，因此他將這個案例寫成論文發表在專業醫學期刊上，沒想到造成極大迴響，甚至連非專業人士都知道這個案例。有一家女性週刊報導了這個親子鑑定的例子之後，法醫學教室便接到數位女性的來電。

我的老師接了電話，其中一名女性想要問的是：「我家孩子的血型結構，是不是也可能是這樣呢？」

掛上電話後，我問了老師剛剛對方說什麼，他表示那位女性所說的血型結構根本是不可能出現的組合。

事實上，孩子的生父到底是誰，應該只有母親本人知道。但在某些狀況下，也有可能連母親自己都不知道。

附帶一提，以前我曾經帶著年幼的兒子到法醫學教室，老師看見坐在我腿上的兒子，隨即說道：「你們家應該不需要做親子鑑定吧。」因為兒子長得跟我非常相像。但為師者一眼就能判斷是不是親子的能力，恐怕連所羅門王都要佩服吧。

［第五章］

遺體訴說的各種人生

天底下沒有任何父母能夠冷靜面對孩子因為突發事故而死亡的悲慟。這位父親究竟是抱著怎樣的懊悔心情，才說出自己兒子的死是「覺悟之死」呢？

想要靠中樂透還債的男人

飛箭不斷射向旋轉的轉盤，這是我們會在電視節目中看到的景像——最高獎金七億日圓的樂透彩開獎直播。

而此刻躺在解剖檯上的，是一名年約四十多歲的男性死者，他的遺體被人發現漂浮在海面上，腹部周圍已經呈現綠色；人死後因為細菌的作用，隨著死亡時間越來越久，皮膚會逐漸變成綠色。從死者皮膚變色的範圍來看，推斷大概已經死亡三天。

雖然遺體是在海中被發現的，不表示死因就是「溺斃」；實務上也發生過把在其他地方死亡的屍體丟棄海中的案例。

一般來說，溺死者的肺部會膨脹。由於溺水時大量的水從口鼻灌入體內，肺部裡面原有的空氣被水擠壓到肺臟深處。所謂肺臟深處就是氣管的末端。正常狀況下，空氣從口鼻吸入，通過氣管進入肺部，氣管會分成二條支氣管，分別通往左右二片肺葉，支氣管再繼續二分下去變得越來越細，延伸到最終由肺泡細胞與血液進行氧氣交換。因此用肉眼來看，溺斃者的肺部表面會因為充滿空氣而膨脹起來。

但這名死者的情況跟溺死者明顯不同，肺部呈現萎縮的狀態。遺體的肺臟有幾道銳利的傷口，但並非被利刃刺傷，因為身體外部沒有任何穿刺傷。事實上，肺部的傷口是肋骨所造成的。肋骨呈筒狀包圍著胸腔，正常來說不會刺傷肺部。不過這名男子背處的肋骨骨折，斷骨往胸腔內側突刺，才會刺傷了肺臟。

骨折的部位發紅出血，而出血表示當肋骨折斷時，這名男性還活著。他的肋骨斷了好幾根，造成大量出血。所以我研判**死因是「多發性肋骨骨折造成的失血性休克」**。

男子死亡時，背部應該遭到強烈撞擊。但若是撞上堅硬或尖銳物體的話，背上應該會有傷口，但遺體並沒有外傷。由於遺體是在海上被發現的，有可能是從高處跌落海面，摔下去時背部猛力衝撞海面。

解剖完成後，警方也查明了死者的身分，並在距離發現遺體處數公里遠的一座橋上，發現了這名男性的遺物。他大概就是從那裡跳下海的吧。

據說現場留有遺書，裡頭寫著他因為賭債纏身而自殺。他從年輕時就開始從事各種賭博活動，雖然有了家庭，卻始終沒辦法戒賭，反覆地賭所以欠下了一屁股債務，終至離婚收場。

他在遺書的角落依序寫下了從十二到三十一的數字，十二到三十都用鉛筆打上X的記號，唯獨三十一還沒。他甚至買好了年底的樂透彩，或許是抱著一線希望，若中了獎就可以還債吧。

可惜到了十二月三十一日，他的夢想並未實現。確認自己沒有中獎之後，他就從橋上跳下去。但樂透彩畢竟只是一個夢想，難道沒有其他辦法了嗎？賭債是絕對沒有辦法靠賭博還清的。德國文豪哥德曾說過：「陽光越是強烈的地方，陰影越是深邃。」有人因為中了樂透而歡欣鼓舞，卻也有人失意不堪而選擇悄悄地了結自己的生命。

大多數人都認為，因為積欠賭債而自殺的人都是意志薄弱且自作自受。但是從醫學上來看，對賭博上癮者的腦部反應跟一般健康人的反應是不一樣的：他們的大腦已經記住了賭贏時的興奮情緒。「賭癮」是一種精神疾病；除了賭博，沒有任何刺激能讓當事人感到興奮。賭癮患者也常常會想要靠賭博來償還債務，所以才會越輸越多。

人們可能會覺得染上賭癮的人都不是正常人，但事實上賭癮患者以上班族或是家庭主婦居多。過去也曾經發生過，有賭癮的兒子殺害自己父親的不幸事件。

要如何治療賭癮呢？只靠當事人的自我認知是難以辦到的。最好能夠經由家人協助，一起至專門治療癮症的醫院或精神保健中心諮詢與戒斷。

因交通事故死亡身上卻沒有撞擊傷痕

這名女性死者的背上並排著三個方型的擦撞傷，傷口約五乘三公分大小，間距一公分。傷口表面呈現紅黑色，像是在白皙的皮膚上烙下印記。

我們拿透明塑膠布緊貼在遺體背上，再用簽字筆描繪傷口的輪廓以留下紀錄。這樣的傷痕是受害者與車輛擦撞時，車子輪胎留下的「輪胎痕」。

死者年約二十多歲。深夜一點多時，一位路過的駕駛發現她倒臥在雙線道的馬路邊，駕駛隨即報警，當警方趕到現場時她早已氣絕身亡。經過警方初步勘驗後，以「加害者身分不詳的交通違規事件」，亦即肇事逃逸事件，將這名女性的遺體送至解剖室。

遺體有幾根肋骨骨折，取出心臟時出血量不多，這表示事故發生時失血相當多，所以殘留在體內的血量才會這麼少。我判斷**死因是「多發性骨折導致的出血**

過多死亡」。

當車子撞擊到路人時，會出現什麼樣的傷痕呢？通常法醫最先注意的是受害者的雙腿。

車子與人體正面碰撞時，第一個撞擊點就是車子前端的保險桿，而人遭到撞擊的部位會出現皮下出血現象，法醫學上稱為「汽車保險桿傷痕」。所以我們會先尋找位於腿部的汽車保險桿傷痕，再測量從腳底到傷痕之間的距離，這個距離應當就等於車子的高度。

人體與一般轎車相撞時，汽車保險桿傷痕的高度大約落在膝蓋的位置。若傷痕位於腰部，就可以研判應該是跟卡車這類高度較高的車子相撞。一旦知道了汽車保險桿傷痕的高度，就能夠鎖定肇事車輛的類型。

我們也可以從骨折的狀況研判撞擊當下的車速大約是多少。

人車正面對撞時，是在膝蓋伸直的狀態下朝腿部施加壓力，因此腿骨很容易骨折。相反的，如果車子是從背後撞過來，膝蓋會往前彎曲，撞擊力道就比較難造成小腿骨折。所以若是從背後撞擊，而且受害者的腿部出現骨折現象的話，那就表示撞擊時的車速相當快。此時若肇事者還說：「我車速不是很快。」那就很明顯是在說謊了。

因此我先檢視了這名女性遺體的腿部是否有汽車保險桿傷痕。出乎我意料的是，不管怎麼檢查都找不到傷痕；也就是說，這名女性遭到車子撞擊時，身體並沒有碰到汽車保險桿。

若車禍撞擊時受害者是站著的，無論如何身體某處一定會有汽車保險桿傷痕；但如果受害者當時是躺著的，那就另當別論了。如果死者是被車子輾壓過去，當然不會有保險桿的撞擊點。過去我也曾經相驗過一起車禍死亡的案例，當事人在忘年會時喝得爛醉躺在路邊，結果被汽車壓過去。當時那具遺體身上同樣沒有汽車保險桿傷痕。

也就是說，當車子撞上來時，這名女性應該不是站立著。那麼她為什麼會倒臥在這條寬闊的雙線道路上呢？

死者的左右大腿骨都斷裂了，照常理來說，大腿骨非常粗壯並不容易折斷，如果大腿骨斷裂表示有強大的外力施壓。起先我猜想，會不會是被車子撞擊而斷裂的呢？但仔細檢查，大腿骨折的部位並沒有輪胎痕。

驗屍解剖後，我發現死者雙腳腳踝處都有遭到撞擊的痕跡，亦即腳踝曾經經歷強力碰撞。我研判大腿骨之所以會骨折，也是因為腳踝的衝擊力道所造成。

之後透過警方調查，才知道原來這名女性在被車子撞擊以前，就從這條道路上的天橋往下跳。在事故發生前，她跟男性友人吵架後從對方家中衝出來，因為一時情緒激動，就從天橋上跳了下去，雙腳重重落地導致雙腿骨折。

女性的死因是「多發性骨折導致的失血過多死亡」，但這個骨折究竟是被車子撞擊造成的，還是從高處跳下造成的呢？這就要靠法醫的判斷了。

女性的背後有輪胎痕，胸腔內有積血，表示當她被車子輾壓過去時還活著。已經死亡的人就算被車子壓過去也不會失血，人死後即使肋骨骨折了也不會造成出血。

所以本案的先後順序是：從天橋上往下跳造成大腿骨折，之後又被汽車從背部輾過去造成肋骨骨折而亡。當事人跳下橋時已經大腿骨折，若就這樣放著不管，即使後來沒有被車子輾過去，她可能遲早也會因為持續失血而死。肇事車輛的駕駛可能也沒有想到竟然會有人倒臥在路上吧。不過把人壓了過去之後還繼續駛離現場，這就犯了肇事逃逸的罪行。

與死因無關的傷口的真相

這名男性的遺體是在河川中被發現的。雖然說是河川，不過比較像是山林裡常見的小溪流。由於不清楚造成男性頭骨骨折的原因，因此警方以「加害者身分不詳的疑似殺人事件」，向法院提出司法相驗的申請。警方認為有可能男性是在別處遭到殺害，事後再將屍體丟入河中。

從遺體手指和腳趾出現「漂母皮現象」研判，應該已經死亡一週左右。所謂漂母皮現象，是指手腳長期浸泡在水中導致皮膚發白發皺，例如泡澡的時間若較長，手指或腳趾的皮膚會變得白白皺皺的。

解剖時將心臟和肺臟從胸腔內取出來後，發現胸腔壁呈現赤紅色。十二根肋骨斷了五、六根，頭蓋骨雖然骨折，但觀察頭皮內側沒有看到出血跡象。

在法醫學中，檢測有沒有「生活反應」是很重要的。所謂生活反應就是只有人存活的時候才會出現的反應，可以用來判斷死者受傷時是不是還活著。人還活著的時候，若遭到什麼東西撞擊，身體就會出血；若身體已經死亡了，不管遭到多大的撞擊都不會出血。

這名男性的肋骨骨折時有出血，但頭蓋骨骨折時卻沒有，這就表示他是在活著的時候肋骨骨折，死了之後才頭骨骨折。

我判斷的**死因是「背部遭受撞擊的肋骨骨折導致失血過多死亡」**。

死者應該是在其他地方遭到背後撞擊吧，因為發現遺體的現場附近都沒有找到疑似的地點。另外，為什麼頭蓋骨會骨折呢？而且肋骨及頭骨是分別在不同的時間點骨折的。

男性後背及頭部的傷痕是遭到非常大的力道撞擊所造成的，非一般人的力氣所能做的。雖然我懷疑會不會是因為交通事故而身亡，之後遺體又被棄置，可是遺體上並沒有找到車子撞擊的痕跡。

最有可能的解釋是從高處掉落。我問警方，發現遺體的現場附近，是否有高低落差呢？果然在距離現場約十公尺的上游處有一個瀑布，男性就是從瀑布上摔下來的。

從瀑布上方摔落時，當事人的背部撞上了平坦堅硬的東西，造成肋骨多處骨折。可是頭蓋骨上的傷口位於前側，又要怎麼解釋呢？難道是在死亡後，有人用像球棒一樣的凶器攻擊他的頭部嗎？

我做了各式各樣的推測，最後認為真相可能如下所述：

這名男性可能是二度從高處摔落。首先是從瀑布頂端摔落，背部撞擊瀑布中間的平臺，造成肋骨骨折而亡。過了一段時間之後，遺體又往瀑布下方掉下去，這一次撞到頭部前側。若是如此，就可以解釋他身上的傷痕了。

我請警方再去調查，瀑布中間是否有一塊較平坦的地方？結果證實的確如此。而就在發現男性遺體的前一天，適逢大雨水量暴增，才讓遺體跟著水流沖落到瀑布底層。

後來得知，這名男性面臨職場人際關係的問題，常常缺勤沒去上班。案發後雖然沒有找到遺書，但發現遺體的現場是他從小就常常造訪的地方。我們可以透過驗屍大致推測出死亡的真相，至於他為什麼會去到那個地方，恐怕只有他自己才知道了。

浮起來的遺體，浮不起來的遺體

很久以前，當源氏和平氏在壇浦交戰時，平家武將平知盛知道自己即將敗北，決定跳海自殺。他將一個很大的船錨綁在身上跳下海，這一幕後來成為歌舞伎中知名的場景。看來當時的人就已經知道，光是穿著一身甲冑跳海的話，是沉不下去的。

本案的男性遺體就漂浮在海面上，他身上綁著的不是船錨，而是腳踏車。屍體膨脹得嚴重。這種在水中發現的遺體，法醫學上稱為「泡水屍體」；而浸泡在水中導致膨脹變形的遺體，我們則稱為「巨人」。

另外，也有人稱泡水屍體為「土左衛門」，據說是依照江戶時代一位體型巨大的相撲選手成瀨川土左衛門而命名的，因為當時的人看到泡在水中的屍體後不禁說：「簡直就跟土左衛門一樣巨大呀。」

死者的皮膚表層因為腐敗而變成綠色，用力按壓脹大的腹部也是硬邦邦的，由此可以判斷已經死亡好一段時間了。

腹部之所以會膨脹，是因為人死後體內細菌的作用，造成氣體累積在腹腔內。所以用解剖刀切開遺體腹部時，一定要特別注意，切口會發出猶如瓦斯爆炸的聲響，體內的氣體也會伴隨強烈的臭味噴發而出。法醫在解剖這類遺體時，都會在切開處的皮膚上先覆蓋一層東西，再小心翼翼下刀。

遺體是在七月被發現的，可能因為氣溫較高的關係，腐敗的速度也加快。

男性身上綁著腳踏車，想必是不希望讓身體浮起來，但為什麼還是浮起來了呢？為什麼有些遺體會浮起來，有些卻不會呢？其中一個主要因素，就是體內腐敗氣體的量。若腐敗氣體在腹腔內不斷累積，遺體就會像是抱著一個游泳圈，總有一天會浮上水面。而氣體是由於體內細菌作用產生的，若是在水溫較低的狀況下，細菌就不太活躍，氣體的量也會比較少，所以遺體比較難浮起來。

水的深度也會有影響。水越深，壓力就越大，雖然身體內產生了腐敗氣體，但由於身體被水壓重重壓著，所以比較難浮起。法醫學的研究可以具體計算出在水深多少、負重多少的狀況下，遺體不會浮起來。根據過去的報告，據說水深四十公尺以上的話，沒有遺體浮得上來。由於部分內容與犯罪搜查有關，在此無法詳述。不過就算遺體被棄置時處於無法浮上水面的環境條件，但仍有被漁網鉤到而給拉了上來的案例。反過來說，有些遺體處於應該會浮上來的環境，卻因為被水中生物吃到只剩下骨頭而沉入水底。

這名男性身上綁著腳踏車當作負重，但遺體還是浮上來了。經解剖後在幾個臟器內都驗出浮游生物，可以判斷死因是「溺斃」。

由於是溺斃，才會從氣管吸入大量的水，而海洋或河川的水中有許多浮游生物，水進入肺部後透過血液循環到達肝臟、腎臟等器官，浮游生物也跟著進入這些器官。淡水與海水中棲息著不同種類的浮游生物，只要調查浮游生物，就可以推測出溺斃的地點。

根據警方的調查報告，這名男性是因為求職失利感到身心俱疲而自殺。

專題探討：水中發現的遺體不見得死因都是溺斃

在海中或河中發現的遺體被稱為「泡水屍體」，但泡水屍體的死因不見得都是溺斃，也有可能是在其他地方遭到絞殺後，才將遺體丟入水中；在這種情況下，儘管遺體是在水中被發現的，死因仍屬「頸部遭到壓迫的窒息死亡」。所謂溺斃指的是，液體經由氣管被吸入肺部，使得氧氣無法進入肺部而造成死亡。

一如之前說明，我們可以根據肺部是否出現空氣膨脹的「溺死肺」現象，來判斷是否為溺斃。

我們也可以透過臟器內是否有浮游生物來判斷是不是溺斃。骨頭內也可以檢驗出浮游生物。以前曾有過一個案例，一名小學生在河川練習游泳時過世了，驗屍的重點在於確認他是溺斃還是因心臟麻痺而身亡。

若死因為心臟麻痺，則是病死，學校不需負責任；若死因是溺斃，則學校需要負起管理之責。

另外，即使是檢驗已經火化並安置的骨灰，也可以確認是否有浮游生物，從而確認死因是否為溺斃。以上的案例出自已故法醫學教授松倉豐治的著作。

近距離槍擊造成的傷口

法醫學上稱由槍枝射擊所造成的傷口為「槍傷」。

在日本，最常見的殺人方法是絞殺，其二是穿刺傷。因槍傷而死亡的案例非常罕見，至今為止我見過不到十例。

一五四三年，一種被稱為「種子島」的槍械傳到日本，這也是第一個傳入日本的槍械。不過現在日本對槍械有極嚴格的管制，因此擁槍殺人、傷人或自殺的案例非常少。

法醫學上將子彈射入體內的傷口稱為「射入口」，子彈穿出身體的傷口則是「射出口」。遭到槍擊後，若是子彈貫穿身體，那麼只會有一個射入口和一個射出口，稱為「貫穿性槍傷」。但有時候也會發生僅有射入口、沒有射出口的狀況，表示子彈還留在體內，被稱為「盲管性槍傷」。

或許大家會認為，子彈射入體內後應該是沿著前進的方向直線再穿出體外吧，但事實上子彈若是撞到骨頭就會改變方向，所以子彈的行進路線並非總是跟射入口的方向一致。若是盲管性創傷，也可能會在意想不到的地方找到子彈。

還有一種「迴旋槍傷」，打入頭部的子彈會在頭皮底下亂竄，難以預料子彈究竟會跑到什麼地方。

這名男性死者的背上有一個大大的龍紋刺青，頭部右側有一個大小約一公分的射入口槍傷。看得到射入口，卻找不到射出口。我打開頭蓋骨檢查腦部，發現留在腦內的子彈一分為二，擊中顱底骨並造成骨頭碎裂。

死者身上的圓形槍傷口邊緣的皮膚呈焦黑色，原因是子彈從槍口射出來的時候，火藥粉及爆炸性氣體也會一併噴發。若是近距離開槍，槍傷口邊緣會沾附火藥粉，也會因為槍口的熱度使得傷口皮膚燒焦發黑。從槍傷的狀態研判，是遭到近距離開槍。

子彈有各種各樣的類型，尺寸從六到十一釐米，重量也從三到十五公克皆有。

物理學上動能的計算公式是：重量×速度平方×½。子彈雖然重量輕，但速度高達秒速兩百公尺以上，因此可以產生很大的動能，一旦進入人體，就會對體內的器官造成極大傷害。

這名男性死者的腦部受到重創，我判斷**死因是「腦挫傷」**。從遺體的血液中也驗出毒品成分。他是在吸毒之後，拿著槍朝自己腦袋轟去。

大體上來說，因槍傷死亡而送來驗屍的人都有共同的特色，就是他們都隸屬於「某一種團體」。已故法醫學教授松倉豐治的著作中也提出過類似案例。他在替幫派的死者驗屍時，有大約七、八個一臉嚴肅的年輕人圍著他說：「醫生，這樣不行！怎麼可以讓老大躺在這麼髒的檯子上！我們有帶被子過來，就讓老大躺在這上面，你再來解剖吧。」（東洋藥事報 18[10]1977）

我在幫這位因頭部槍傷造成腦挫傷而死亡的男子解剖之後，離開解剖室的大樓時，看到五、六個穿黑西裝打黑領帶，一臉凶狠樣的男子群集在外頭。雖然我什麼壞事都沒幹，還是回頭從另一個出口離開。

將兒子的死形容為「覺悟之死」的父親

我曾經提到一個案例，在某個地方發生過飼育員遭到大象攻擊而死亡這種令人遺憾的事件。飼育員在幫大象洗澡時，象鼻一揮將他甩到一旁的鐵柵欄上，他因受重創而身亡。

也有人是因為家裡飼養的大型犬掙脫鏈住的項圈而不幸被咬死。

有時候為了調查動物的管理是否適當，也會將這類受害者送來驗屍解剖，所以我有幾次接手動物造成死亡的案例。

———

本案死者是約莫三十多歲的男性，他在馬廄內工作時，被馬的後腳踢中胸部導致死亡。

驗屍後發現他的肋骨斷了幾根，其中幾根斷骨插入肺部造成出血。我在死亡證明書的**死因**欄位中填上**「肺挫傷」**。

我之所以會清楚記得這個案例，並不是因為被馬踢死的狀況很少見，而是當我完成驗屍作業，將死亡證明書交給家屬時，死者父親的反應令我印象深刻。

這位父親說，兒子的死是「覺悟之死」。

他表示：「兒子從事照顧馬的工作，早有覺悟可能會發生這樣的意外。」

其實這位父親以前也曾經在馬廄工作過，有可能兒子是受到父親的影響，所以選擇同樣的工作。

我突然想到，這位父親該不會是感慨，如果自己當年沒選擇這份工作的話，或許兒子就不會因為這樣的意外而死去吧？

我從來沒有去過賽馬場，不過我知道賽馬場裡除了騎師跟馬主人，馬廄裡還有許許多多工作人員。這名男性死者了解自己可能面臨的危險，還是選擇這份工作，大概對他而言，賽馬確實充滿魅力。

事實上，法醫在驗屍作業結束後，不太有機會跟死者家屬直接接觸。由於法醫是受警方的委託進行解剖，所以我們報告的對象一般都是警調人員。

不過有時候像這種死者是年輕人的案例，我們會在取得警方的同意後，直接向死者家屬說明，因為我覺得由法醫向家屬解釋死因會更清楚明瞭。雖然孩子已經成年了，但天底下沒有任何父母能夠冷靜面對孩子因為突發事故而死亡的悲慟。這位父親究竟是抱著怎樣的懊悔心情，才說出自己兒子的死是「覺悟之死」呢？

東方人，尤其是日本人，在面對身邊親人死去時，通常不太懂得表達自己的感受。我並不是要批判這一點，只是覺得這就是民族的特性吧。

【第六章】

法醫的思考

千金難買已經逝去的生命，但是金錢可以買到若棄之不顧就會消失的性命。

塞翁失馬焉知非福

我當年考大學時並不是很順利。

我重考了一年，後來進了一所非第一志願大學的經濟學部，讀了一年後還是不太能適應。大二的時候我對父親說：「我想休學。」父親告訴我：「你已經浪費三年時間了，該怎麼辦？但如果你是想當醫生的話，那就休學吧。」

我的雙親都不是醫生，因此我也不是很清楚醫生都做些什麼樣的工作，所以就前往住家附近的醫院觀摩。我在醫院的入口處看到醫生的門診表，從班表看來一位醫生一週大概看診兩、三天而已。

我當時心想，當醫生的話，一週只要工作兩、三天呀。因為我實在很想離開當時就讀的大學，於是決定報考醫學院。

後來在演練面試的狀況時，我倒是經歷一番苦戰。

我推測應該會被問到：「為什麼要離開現在就讀的學校，報考醫學院呢？」但打死我也不能說出：「因為醫生一週只要工作兩、三天。」

真正到了面試那天，面試官問我：「當醫生需要的是犧牲奉獻的精神，你覺得自己沒問題嗎？」我當時並不是很清楚這個問題究竟有什麼意涵，總之就是點了頭。之後我就被K醫大（現在的K大醫學部）錄取了。

當時的K醫大是才剛成立不久的新學校，我是第四期的學生。

大二的時候，學校成立了大學附屬醫院。我踏進才剛蓋好的醫院建築，頓時恍然大悟——我終於明白念醫學院前我在醫院門口看到的門診表的意思了。一週兩、三天的門診，是要替掛號的病患看診，「除此之外的時間都要待在醫院裡工作，所以並不是一週只要工作兩、三天就好。」

到了大三的時候，不知為何我開始對研究工作產生興趣。在此之前，我從來就沒有非常專注地去做某件事情的經驗，而研究工作最需要的就是這種專注精神。

大學畢業後，我的同學們都從事臨床醫學的工作，而我進入了只做研究工作的基礎醫學研究所。我還記得有位同學說過一句話：「注意一秒，基礎一生！」還真是名言呀。

取得碩士學位後，我出國留學了一段時間，但我逐漸明白以自己的實力，是沒有辦法靠研究工作吃飯的。回國之後，我拜訪了在我老家附近的O醫大任職的S教授。

我對教授說：「我正在找工作。」教授回答：「你這傢伙還真悠哉呀，不振作一點的話，你父母可是會難過的。」說完就拿起電話打給一位法醫學教授，請他過來一趟。這位法醫學教授也不知道是怎麼回事，總之就是過來了，S教授便對他說：「這個年輕人正在找工作。」

我當時三十四歲，大學畢業過了八年。

後來我進入法醫學教室工作，但其實對於法醫學究竟是什麼一知半解。雖然大學時修過法醫學相關課程，但對於到底上了什麼已經不復記憶。就因為這樣，剛開始在法醫學教室工作時，我不僅完全不熟悉內容，就連要做些什麼樣的工作都不清楚，只是模糊地設想法醫應該就是要解剖殺人事件的受害者吧。

我甚至還想過，雖然是解剖殺人事件的受害者，但當死者胸口明顯插著凶刀時，驗屍還有意義嗎？若犯人被逮捕了，現場也有很多目擊者，這樣還需要驗屍嗎？事實上，為了後續的審判，還是必須要有人來解剖受害者的遺體，寫下受傷的方式和死因等醫學紀錄。而負責這個解剖工作的人，就是法醫。我倒是花了些時間才完全理解這些事情。

現在想想，願意讓我進入法醫學教室工作的老師也是挺奇妙的。但說到奇妙，可能我還略勝一籌吧。

有幾次老師前來叫我去幫忙時，我都用「現在在做實驗很忙」為由拒絕了。老師也常常因為我「什麼都不知道」或「連這種事情都不知道」而感到震驚。不過或許正是因為這樣的空白狀態，我才有辦法將所有的知識和經驗都完整汲取下來。我就像是一塊乾燥的海綿，將法醫學的相關知識完整吸收進來。

之後我持續研究法醫學十三年，轉換到了現在工作的這所大學。

我的座右銘是，「塞翁失馬焉知非福」。很多時候讓我們覺得幸福的事情，正是開啟不幸的原因；我們覺得很不幸的事情，往往卻有可能讓我們變得幸福。這句俗諺是要告訴我們，不要因為事情表面看起來如何而讓自己的情緒受到影響起伏不定。

我在學生時代最討厭解剖課了。但現在到了這把年紀，我不禁認為，人生真是有意思呀，曾經討厭解剖的我，現在卻是法醫學教授。至今為止，我總共大約解剖過三千具遺體；其實到一千五百具的時候，我都有確實記錄下每年的數字，之後覺得麻煩就不算了。我本來就是個怕麻煩的人。

在由我所解剖的死者當中，有些人是犯罪事件的受害者。不過實際上，犯罪事件的受害者非常少，大多數個案都是我們日常生活中常見的死亡事件。我從這麼多的解剖經驗裡深深體悟到，我所相驗的死者都具備某些特徵，讓他們會被送來解剖室。所以我希望可以讓大家知道，這些往生者生前的生活是什麼樣子、面臨了什麼樣的狀況，才會導致死亡。我也希望各位可以了解，解剖並不只是為了確認死因，更是為了活著的人。

人會堅持到死亡那一刻

某個冬日時節，一對老夫妻的遺體雙雙被送到解剖室來。這對老夫婦平時是由妻子照顧因病臥床的丈夫，但妻子因為什麼原因先過世了，由於丈夫無法與他人連繫求援，不久也跟著死去。

我並沒有直接參與這對夫妻的遺體解剖，以下細節是從受警方委託前去現場勘驗的醫生那裡得知的。

在夫妻兩人過世的房間裡放著一個熱水袋。我小時候也用過那種熱水袋，冬天晚上會把熱水袋抱進被窩裡。使用方法是在金屬製的橢圓型袋內注入水，接著放在瓦斯爐上加熱，再用毛巾包住熱水袋，塞入棉被內取暖。

在案發現場，他們發現有根塑膠吸管就插在熱水袋的開口上。想必是妻子過世後，臥床的丈夫連自己去取水都沒有辦法，所以他用吸管飲用熱水袋裡的水。

聽了這件事我深深感受到，人類真的是會堅持活到最後一刻的生物，這甚至可以說是一種對生存的執著了。

從古至今人們就不斷探問：「活著是什麼？」這是由古希臘的哲學家拋出來的大哉問。我以前在學校時，從未有人能告訴我思考這個問題到底有什麼意義。

我是從事驗屍工作的法醫，我必須要判斷死者的死因為何、是什麼時候過世的等等。我並非哲學家，也不是思想家，對於「人該怎麼活著」這個問題也從未仔細想過。不過我幾乎每天都會接觸到死亡，所以有時候不免會對生存這個問題有些想法。若是你目睹過死亡，我想應該也會不得不去思考什麼是活著。

根據被解剖者的狀況，我可能會有不同的想法，但有一個感想總是反覆出現，那就是：「人會堅持到死亡那一刻。」

死亡無可避免，也不知何時會發生

人必有一死。這是不變的真理。每個人都知道死亡無可避免，但我們無法知道死後會發生什麼事情。我們可以思考死亡，卻無法親眼目睹或體驗自己的死亡。

唯有透過別人的死，我們才能用五感去體會什麼是死。所謂別人的死並不是指在報紙上看到的訃聞，也不是什麼名人的消逝。若我們跟對方不認識也沒實際接觸過，是無法感受到死亡的意義。我們往往都是透過身邊親近的人的離去，才能真正感受到什麼是死亡。

在日本，死亡並不是近在身邊的事情。我們頂多會在親人過世時看到遺體，甚至以現行做法是盡可能不讓人看到遺體。

最近這幾年來，日本變得有些過度強調乾淨這件事。在我小時候，家裡都會看到蚊子或蒼蠅飛來飛去，但現在的住家都有更高的密閉性，屋子裡很少看到蟲子，若有一隻蒼蠅飛到家裡面，對討厭蟲的人來說可是相當不得了的大事，要他待在有蒼蠅的房間內，可能會嫌惡到連飯都吃不下。

廁所也變得非常乾淨。我小時候用的是茅坑。人只要活著，就會有排泄這種生理需求，不過日本社會卻是竭盡所能不讓人看到這種理所當然的生理現象。

我一年要解剖超過兩百具的遺體，而我發現近來獨自生活的人增加了。獨居者在自己家中過世的話，通常會過了比較久才被發現。遺體送來我們這裡驗屍時，往往已經出現死後腐敗的變化。

屍體一旦腐化，就會發出臭味，也會變色、腹部膨脹，跟生前的狀態有很大差異。然而屍體會腐敗也是理所當然的，並不是異常；真正的異常是如同某些政治家死後被以福馬林保存，讓遺體看起來如同生前一般。

對沒有機會接觸遺體的人來說，可能會覺得處理遺體是一件很可怕的事。但只要看過遺體，就會知道不是什麼大不了的東西，就因為從沒看過，才會有各式各樣的想像，讓人更不敢靠近吧。

死亡是不可避免的。被送到解剖室來的死者，想必生前也從沒料到會因為遇到犯罪事件，或是在運動時突然倒下，死亡就這樣降臨在自己身上。甚至也有人喝醉酒後倒在路邊，結果被車子輾過而死亡。

既然死亡無法避免，也不知道何時會降臨，所以鑽牛角尖不斷設想也無濟於事，只是徒然浪費時間。人唯一能做的，是思考什麼是「活著」，這也是我們一直到死亡那一刻都在思考的事情。

從遺體學到的事情

在某棟公寓地板下僅一公尺高的夾層空間內，發現了一具男性屍體。男子全身裹著毛毯，身體已經呈現木乃伊化。

說到木乃伊，大家首先聯想到的應該是埃及沙漠裡的木乃伊吧。出乎意料的是，在日本的都會區裡也會發現木乃伊化的遺體。

這名男性死者身分不詳，夾層空間裡則放了一些他不知從何處蒐集來的日常用品。看得出來他就在這個地方生活，裹在身上的毛毯也是撿拾別人丟棄不用的。

我們不清楚他為什麼會住在這種地方，有可能是因為失業、離婚、疾病，或有犯罪經歷導致他找不到工作。

從他居住的這個狹窄空間裡，我們可以看到他拚命想要活下去的痕跡。或許這個社會遺棄了他，但他對這個社會不離不棄，一心想要生存下去。

看著這些被社會遺棄的人，你可能會想「我絕對不要像這樣死去」，或者覺得「這跟我沒關係」，但是這種想法好像缺了些什麼。現實中確實有人就像這樣死去，這是不可改變的事實。我認為，首先我們應該要接受這樣的事實，如此一來才能夠試著去理解我們所不理解的事情。這或許是現代社會的問題，但正視這樣的問題，說不定也能成為改變我們生存方式的契機。

「這種死法也不錯」

一般在進行驗屍時，解剖室內除了主要負責解剖的法醫，還有法醫學教室的工作人員以及警察等五、六個人在一旁看著。解剖室內的氣氛總是陰暗又沉重，待在這樣的空間裡很難讓人心情開朗得起來，因為我們都直接面對著「人必有一死」這件事情。

每個人都知道自己終有一死，但我們不會在日常生活中去多加思考。躺在解剖檯上的死者是生命已經結束的人，看著這些遺體，我總是不禁思考，自己將來也會變成這樣呀。解剖檯上的遺體讓還活著的我感觸良多。

有時候當我看著躺在解剖檯上一動也不動的遺體，內心會忽然湧上一些感受。這是一種非常直覺的反應，而當這種感受湧現的瞬間，我覺得自己正活著。

常有人問我說，面對解剖檯上的遺體時，內心是什麼感受？我其實並不是在想我絕對不要像這樣死去，我也不認為這些感受會對自己的生存有什麼幫助。相反的，有時候我會覺得，或許這樣的死法也不錯啊！雖然對死者有點失禮，但在這麼想的那一瞬間，我會忽然覺得昏暗的內心照進了一絲光亮，整個人都溫暖了起來。

仔細檢視躺在解剖檯上的遺體

警方負責調查死者生前的狀況，遺體則交由我們法醫來解剖，以取得更多關於死者和死亡的訊息。對行政和司法系統的人來說，這些資訊非常重要，沒有這些資訊死者家屬無法舉辦葬禮，政府單位也無法撤銷戶籍。驗屍確實是對社會有助益的事情。

除此之外，驗屍，或者說仔細檢視躺在解剖檯上的遺體，這件事本身就是一件很有意義的事情。解剖檯上呈現的是一個人出生然後死亡的事實，甚至可以說「人的一生」就躺在你的面前。當我仔細檢驗遺體時，我可以切切實實體會到什麼是活著；但若我只是如例行公事般進行驗屍，記錄下警方想要的資訊，是無法感受到自己活著的事實。

有個獨居的男性死者被送到解剖室來。從外觀看來他的年紀有點大，頭髮、鬍子恣意亂長，皮膚呈棕色，全身髒兮兮的。我詢問警方這名男性的年紀，結果他才四十多歲，可是從外表完全看不出來。「他有接受社會援助嗎？」我問。警方回答說：「沒有。」據說他直到三年前都還在一家知名的大型銀行工作，因為人際問題而辭職，之後就過著沉溺於酒精的生活。

驗屍後，很快就找到死因。剖開腹部一目瞭然。胃和腸子都已經透出黑色，這是因為血液積存在裡頭的關係。肝臟變成黃色，是肝硬化的跡象，而一旦有肝硬化，就很容易導致消化系統出血。**死因是「肝硬化導致消化系統出血」**。警方取得了他們想要的資訊，驗屍的目的已經完成。

曾經在大型銀行工作的男性，辭去工作僅僅三年就過世。這是事實，我們必須知道一個人會就這樣死去。我並不是要把他的狀況當作某種教訓，要大家小心一點，不要變得像他這樣；當你把別人的死亡視為一種警惕時，就會覺得他的事情跟自己一點關係也沒有。我希望大家可以坦然接受確實有人會像這名男性這樣就死去。若不這麼想，我們是絕對無法從這個事件中感受到自己還活著，或有任何的體會。

若只是像例行公事一樣進行驗屍，我無法對於眼前的死亡感同身受。但要仔細觀察解剖檯上的遺體，往往也不是一件容易的事情。

直到死亡來臨前

法醫驗屍解剖面對的是因災害或意外而身亡的死者。有年僅九歲的小學生被壓在倒塌的圍牆下過世，也有老人家被因地震而坍塌的圍牆給壓死。

也有很多因為交通意外而死去的人。根據警方統計，二〇一七年全日本有三千六百九十七人死於交通事故。一九七〇年左右，因交通意外死亡的人數超過一萬人；相較於當時，現在的車禍死亡人數已經減少很多。但死者可能是在不知道發生什麼事情的狀況下就身亡了。

我曾經在驗屍結束後與死者家屬會面。看到家屬們哀傷的模樣，我領悟到死亡與其說是一個人的事情，不如說是死者周遭所有人的事情。死者本人是最可憐的嗎？但人都已經過世了，沒辦法哀嘆自己的不幸，唯有家屬會為了死者而哭泣。哭泣也是我們活著的一種證明。

透過身邊親近者的死亡，我們會真實感受到人終有一死。但我們無法實際感受到自己的死亡。我們唯一能做的事情，就是好好活到死亡來臨的最後那一刻。

自殺也是生存的一部分

自殺死亡的人也會被送到我們解剖室來。他們有各式各樣自殺的理由，不管是經濟的問題或者是健康的問題。

當事人一心想死，所以才會選擇自殺。他們完全沒有活下去的打算。可以確定的是，自殺者總是有某種理由而覺得自己活不下去。不過當我解剖自殺者的遺體時，還是不禁感受到，「人是會堅持活到最後一刻的生物」。

自殺者的身上都會留有自殺的傷痕。上吊的話，頸部會留下勒痕。用刀子刺胸部的話，胸口會留下刀傷。一般來說，企圖拿刀子刺向自己胸部自殺，多半會留下幾個猶豫不決的傷口，這在法醫學上稱為「猶豫性創傷」，畢竟自殺時，不太可能有誰一刀就能刺穿自己的胸腔。

猶豫性創傷正是自殺者努力要殺死自己的痕跡，這些傷痕也證明了對當事人來說，一定有不得不去死的理由。若非真心尋死，是不可能自殺成功的，因此我們往往會看到自殺身亡者「想死」的意志非常強烈。所以說，自殺也可以證明活著的痕跡。

自殺是否是絕對的壞事？

自殺事件會對死者周遭的人事物產生不少影響。

我曾經相驗過自殺者的遺體，結束後將遺體放入棺木內交還給家屬，親眼目睹家屬緊抓著棺木哭斷腸的模樣。突然得知親人自殺的家屬總是悲痛不已。每次看見哭泣的家屬身影，我總是心想：「自殺絕對是壞事吧！」我也經常會思考，難道除了自殺，就沒有其他辦法可以解決問題嗎？

大多數人得知親人自殺肯定會很傷心難過，但也有些家屬表現出不同的反應。我曾經解剖過一個案例，死者因為長期罹患疾病，覺得太過痛苦了而選擇自殺。驗屍結束後，死者的母親對著棺木內孩子的遺體緩緩地說：「辛苦你了，今後你可以好好休息了。」孩子過世父母不可能不難過，但或許對這個母親而言，她可以接受孩子自殺的選擇，因為她很了解孩子是如何努力地活到了現在，所以她才說得出那番感人的話語。

我雖然不覺得自殺是對的，但若你問我是否認為「自殺絕對是壞事」，我也沒有辦法就這樣妄下定論。

生命的價值大約是五百萬日圓

千金難買已經逝去的生命，但是金錢可以買到若棄之不顧就會消失的性命。只要有錢，有些人的性命是可以得到拯救的，例如只要付出劫機犯要求的贖金，被綁架的人們可能就可以得救；只要花錢修整道路，就可以減少交通事故，也能降低事故造成的死亡人數——這也算是可以用金錢買到人命的範例，整治道路的經費可以說是用來拯救因交通事故而死亡的人命。

我們的常識認為，「人命重於金錢」。若聽到有人說「金錢可以買到性命」，你恐怕還會楞一下，想說怎麼可能！從未體驗過金錢真的可以買到性命的人，恐怕都是這樣的反應吧。但我在替自殺者驗屍時，曾經真心覺得金錢是可以買到人命的。

有些人因為健康或是債務問題而自殺。若是健康問題，確實有些疾病是不管花上多少錢都無法換回健康的身體；不過若是債務的話，其實只要有錢就可以解決問題了。若給為債務所苦而企圖自殺的人他所需要的金錢，他應該就不會選擇自殺了。金錢確實可以買到人命。

而且，可以救助為債務所苦而企圖自殺者的金錢，也就是所謂「生命的價格」，其實並沒有你想像的那麼高。日本警方曾經針對自殺者生前的狀況進行調查，例如生活狀態、跟家人的關係、有沒有工作、是否有債務等等。我不確定警方是否確實掌握每個人的債務金額，但平均而言，自殺者的債務在五百萬日圓左右。也就是說，只要有五百萬日圓，就可以防止一個人自殺。以我在法醫學現場的經驗來看，一條人命的價格頂多就是五百萬日圓，還不到一億日圓。

或許有人會覺得，「我的生命應該比五百萬日圓更有價值吧」。不過，這個生命的價格跟個人所能賺到的金額是不一樣的。一年可以賺一億日圓的人和失業沒有收入的人相比，其實生命的價格都差不多。

只要想想人壽保險就可以理解了。投保人壽保險的人在過世後，家屬可以領到一些補償金，金額有時候是五百萬日圓，有時候則是一億日圓。人壽保險的金額之所以不同，並不是因為每個人生命的價格不一樣，而是因為當事人過世時，家屬所需要的金額不一樣。若當事人的孩子年紀還小，就需要更多的錢照顧撫育，因此人壽保險是推測可能的狀況來設定保險金額，不表示保險金額高就是自己的生命比較有價值。從法醫的觀點而言，人命的價格頂多五百萬日圓，這就是一個人生命的淨值。

不想去「死得乾脆」寺廟參拜

近幾年來日本各地都時興所謂「死得乾脆」的寺廟。很多老人家因為希望自己可以死得乾脆，所以紛紛前往那些廟宇參拜，甚至還衍生出搭乘巴士的參拜團體行程。

我也希望自己可以死得乾脆，不想死得痛苦或是給家人添麻煩。不過我現在並不會想去那些所謂「死得乾脆」的寺廟參拜，過幾年後年紀比較大了，或許我也會去參加吧。

不知道去那些寺廟參拜過的人，最後是否真的都能死得乾脆？這是個饒富趣味的問題。但我真正感興趣的是，哪些人會去死得乾脆寺廟參拜，而哪些人不會？可能這兩類人在性格上會有不一樣之處。會去參拜的人大概都有一些共同點吧，搞不好正是因為具有這樣的性格，能夠讓他們都死得乾脆！我想若是去做這些研究，應該會很有趣。

話說回來，想要死得乾脆所以去死得乾脆寺廟參拜的人，其實也不知道自己能不能死得乾脆。就算能死得乾脆，但死亡時已經沒有意識了，也沒辦法想說：「因為我去參拜過，所以能死得乾脆，真是太好了。」

最後一次清洗身體

醫學上將極度瘦弱的狀態稱為「消瘦」，而這名被搬上解剖檯的男性死者，身體就呈現了消瘦的樣貌。髒汙讓他的皮膚看起來是黑褐色的，長長的指甲前端彎曲，頭髮長達六十公分左右，由於毛髮捲曲讓他整個頭部看起來就像顆大洋蔥。大概是因為長久以來都沒好好清洗頭髮身體，變成這副模樣真是令人吃驚。

擔任驗屍助理的一名研究生說，他曾經看過這名男性。他出門上班時，曾有幾次在大學附近的高架橋下看過對方，一個住在高架橋下的流浪漢。

由於死因不明，因此警方將男性的遺體送來驗屍。一剖開身體，我就知道死因了：右側肺臟硬化。我小心翼翼將肺臟切開，裡頭膿汁流了出來。死因是「肺炎」。有可能是因為感冒拖太久變成肺炎，也可能是因為營養不良導致免疫力衰退。

男子看起來大概六十歲左右。以現在的標準來說，六十歲還算年輕。他非常非常瘦，幾乎沒有皮下脂肪，即使切開腹部，也幾乎不見內臟脂肪，一眼就能看到紅色的內臟。若體內脂肪較多時，無法一剖開腹部就能清楚看到臟器的顏色和形狀，因為臟器會被脂肪給包覆住。這名男性究竟平常都吃些什麼呢？

經常路過高架橋的人應該都知道這個流浪漢就住在那裡，但直到他死亡為止，都沒有人能為他做些什麼。他就安靜地生活在那裡，直到死亡為止都沒有向外求援。我看著這名死得如此乾脆的男性，內心不禁想：「難道當初真的無法為他做些什麼嗎？」

我不知道他為什麼會變成流浪漢，有可能原因就出在他自己，也就是說這是他自作自受。但若他是因為自作自受而死的話，那麼那些罹患糖尿病又不控制飲食而死去的人，說來也算是自作自受吧？他們因為吃了太多高熱量食物而患病，即使被醫生告誡要注意飲食還是沒有多加控制，結果有一天就突然過世了。

依照我的經驗，大多數因糖尿病而過世的人都有體重過重的問題，只是跟這名因肺炎而過世的流浪漢不同，他們的皮膚不會因為髒汙而難看，他們大多把自己打理得很乾淨，畢竟要是沒錢的話很難飲食失控。

我們這個社會對這些因為不控制飲食而患病、最終過世的人很寬容；另一方面卻對無法正常進食、最後因為肺炎而過世的人很冷酷。是因為這些沒錢的人外表很骯髒嗎？或許這名男性死者確實看起來髒兮兮的，但他從未給任何人添過麻煩。他一個人生活，沒跟任何人求援，就這樣走了。他即使得了肺炎也沒有去醫院看病，獨自一個人終結了生命。

一旦確定死因是「肺炎」，我的工作就結束了，畢竟驗屍解剖並確認死因就是我的任務。但工作結束後，我拿起海綿沾了肥皂，開始擦洗這名死者的遺體，將他身上的髒汙清洗乾淨後，他的膚色不再暗黑。他很久沒有洗澡了，至少在最後的階段，我希望能讓他乾淨一點。我稱此為「最後一次清洗身體」，這是我唯一能為他做的事情。

※為保護當事人隱私，本書所舉案例皆已經過修改。

國家圖書館出版品預行編目資料

遺體訴說的各種人生：法醫解剖檯上的死亡課題
西尾元 著　嚴敏捷 譯
初版. -- 臺北市：商周出版：家庭傳媒城邦分公司發行
2020.02　面；　公分

譯自: いまどきの死体—法医学者が見た幸せな死に方

ISBN 978-986-477-772-3 (平裝)

1.法醫解剖學

586.661　　108020543

遺體訴說的各種人生：法醫解剖檯上的死亡課題

原著書名／いまどきの死体—法医学者が見た幸せな死に方
作　　者／西尾元
譯　　者／嚴敏捷
責任編輯／陳玳妮

版　　權／林心紅
行銷業務／李衍逸、黃崇華
總 編 輯／楊如玉
總 經 理／彭之琬
事業群總經理／黃淑貞
發 行 人／何飛鵬
法律顧問／元禾法律事務所王子文律師
出　　版／商周出版
台北市 104 民生東路二段 141 號 9 樓
電話：(02) 25007008　傳真：(02)25007759
E-mail：bwp.service@cite.com.tw
Blog：http://bwp25007008.pixnet.net/blog
發　　行／英屬蓋曼群島商家庭傳媒股份有限公司城邦分公司
台北市中山區民生東路二段 141 號 2 樓
書虫客服服務專線：(02)25007718；(02)25007719
服務時間：週一至週五上午09:30-12:00；下午13:30-17:00
24小時傳真專線：(02)25001990；(02)25001991
劃撥帳號：19863813；戶名：書虫股份有限公司
讀者服務信箱：service@readingclub.com.tw
城邦讀書花園：www.cite.com.tw
香港發行所／城邦（香港）出版集團有限公司
香港灣仔駱克道 193 號東超商業中心 1 樓
E-mail：hkcite@biznetvigator.com
電話：(852) 25086231 傳真：(852) 25789337
馬新發行所／城邦（馬新）出版集團【Cite (M) Sdn. Bhd.】
41, Jalan Radin Anum, Bandar Baru Sri Petaling,
57000 Kuala Lumpur, Malaysia.
Tel: (603) 90578822　Fax: (603) 90576622
Email: cite@cite.com.my

封面設計／李東記
排　　版／極翔企業有限公司
印　　刷／卡樂彩色製版印刷有限公司
經 銷 商／聯合發行股份有限公司
電話：(02) 2917-8022　Fax: (02) 2911-0053
地址：新北市 231 新店區寶橋路 235 巷 6 弄 6 號 2 樓

■ 2020 年 02 月 04 日初版
■ 2022 年 07 月 19 日初版 1.8 刷
定價 340 元

Printed in Taiwan

ISBN 978-986-477-772-3

商周出版

廣　告　回　函
北區郵政管理登記證
北臺字第000791號
郵資已付，免貼郵票

104　台北市民生東路二段141號2樓

英屬蓋曼群島商家庭傳媒股份有限公司城邦分公司　收

請沿虛線對摺，謝謝！

商周出版

書號：BK5154　　書名：遺體訴說的各種人生　　編碼：

請於此處用膠水黏貼

商周出版

讀者回函卡

感謝您購買我們出版的書籍！請費心填寫此回函卡，我們將不定期寄上城邦集團最新的出版訊息。

不定期好禮相贈！
立即加入：商周出版
Facebook 粉絲團

姓名：________________ 性別：□男 □女

生日：西元________年________月________日

地址：________________

聯絡電話：________________ 傳真：________________

E-mail ：

學歷：□ 1. 小學 □ 2. 國中 □ 3. 高中 □ 4. 大學 □ 5. 研究所以上

職業：□ 1. 學生 □ 2. 軍公教 □ 3. 服務 □ 4. 金融 □ 5. 製造 □ 6. 資訊

□ 7. 傳播 □ 8. 自由業 □ 9. 農漁牧 □ 10. 家管 □ 11. 退休

□ 12. 其他________________

您從何種方式得知本書消息？

□ 1. 書店 □ 2. 網路 □ 3. 報紙 □ 4. 雜誌 □ 5. 廣播 □ 6. 電視

□ 7. 親友推薦 □ 8. 其他________________

您通常以何種方式購書？

□ 1. 書店 □ 2. 網路 □ 3. 傳真訂購 □ 4. 郵局劃撥 □ 5. 其他______

您喜歡閱讀那些類別的書籍？

□ 1. 財經商業 □ 2. 自然科學 □ 3. 歷史 □ 4. 法律 □ 5. 文學

□ 6. 休閒旅遊 □ 7. 小說 □ 8. 人物傳記 □ 9. 生活、勵志 □ 10. 其他

對我們的建議：________________

____

____

請於此處用膠水黏貼